编 委 会

主　　编：张德元

副主编：黄祖辉　崔宝玉

编　　委：邓大才　刘　奇

　　　　　杜志雄　张德元

　　　　　罗必良　姚　洋

　　　　　常　伟　崔宝玉

　　　　　黄祖辉　温铁军

编辑部主任：崔宝玉

编　　辑：李虹韦　程　秦

农业经济研究

NONGYE JINGJI YANJIU

第八期

张德元◎主编

全 国 百 佳 图 书 出 版 单 位
APGTIME 时代出版传媒股份有限公司
时 代 出 版 安 徽 人 民 出 版 社

目　　录

专栏四 其 他

专栏一

农民合作社

合作社参与、农业技术培训及农业增收的内在机制分析
——基于山东农户调查数据的中介效应检验①

张益丰　吕成成

（南京林业大学农村政策研究中心）

摘　要：合作社作为农民广泛参与的新型农业经营主体，其所具备的群众参与性、益贫性使得农业合作社必将在脱贫攻坚以及后续"返贫阻断"实施阶段发挥重要作用。本文利用山东省1006户农户调研数据，立足于农户种植技术培训的获得视角，使用中介效应模型研究合作社对农户增收效应。结果显示：（1）农户接受种植技术培训是农户参与合作社并形成农业项目增收的重要中介渠道，表现为种植技术培训对于加入合作社影响农户的农业收入中介影响的贡献度达22.36%；（2）种植技术培训对合作社促进高收入农户中介效应显著，中介效应占总效应30.76%，但对低收入农户中介效应不显著；（3）种植技术培训对粮食种植户增收具有部分中介效应，对蔬果种植户具有很好的中介效应，中介效应占比分别为31.19%和47.71%。基于上述情况提出针对性的政策建议。

关键词：农民合作社；种植技术培训；农户农业收入；中介效应模型

---

①　本文系2018年国家社会科学基金一般项目"农产品质量安全视阈下农业经营主体融合发展机制及政策研究"（18BJY142）的阶段性成果。作者简介：张益丰，南京林业大学经济管理学院教授，博士生导师。研究方向为农业创业组织创新。吕成成，南京林业大学经济管理学院硕士研究生，研究方向为农民合作社。

一、引言

2021 年是我国农村发展由脱贫攻坚战略向乡村振兴战略过渡的关键之年,如何在完成整体脱贫后有效带动农户持续稳定增收是当下理论研究者需要考虑的重要问题。有研究表明,如果贫困户的农业收入能达到全国平均水平,贫困问题将会得以解决(马铃、刘晓昀,2014)。而合作社作为弱者的联合,其制度安排具有天然的益贫性和扶弱性,也一直被认为是农户实现增收脱贫的理想载体(徐旭初、吴彬,2018)。自 2007 年《农民专业合作社法》实施以来,在中央一系列支农政策引导下,农民合作社蓬勃发展。截至 2020 年 11 月,工商行政管理总局依法登记在册的农民合作社数量已达 224.1 万家,27.7 万家合作社面向小农户提供专业化社会化服务。① 另据农业农村部统计数据显示,接受农民合作社服务和培训的农户突破 1.3 亿户,占全国农户总量的一半以上,农户的增收能力有了很大的提升(促进农民专业合作社健康发展研究课题组等,2019)。尽管研究者普遍认可发展农民合作社有利于社员的增收这一基本事实,但是参与合作社实现农户增收的内在机制依然存在"黑箱",亟待研究者深入探索。对下列问题的有效解答将为合作社"助农发展"的理论研究提供裨益。合作社通过何种渠道实现促农增收?收入禀赋条件异质性会影响社员的"渠道增收"效应的实现吗?"渠道增收"效应会因为产业异质性条件而产生差异化发展吗?

2020 年中央一号文件以及 2019 年农业农村部等多部门联合印发的《国家质量兴农战略规划(2018—2022 年)》均明确提出支持与鼓励农民参加质量兴农技术培训,而合作社作为农业社会化服务的重要参与组织,以提供农业技术培训来提高社员生产的提质增效更具针对性,有利于农户的持续增收。因此,本文从农户接受种植技术培训角度切入,刻画合作社以提供种植技术培训为中

---

① 农业农村部新闻办公室.农民合作社实现整体发展质量稳步提升四级联创示范社达 15.7 万家.[EB/OL] 农业农村部新闻,2020-12-28,http://www.moa.gov.cn/xw/zwdt/202012/t20201228_6358978.htm.

介促进农户农业增收的实现机制,揭示合作社作为农民增收和"返贫阻断"功能性平台建设的实践价值就显得很有必要。

二、文献回顾

关于合作社促农增收的研究较为丰富。研究表明参与合作社能显著提升农户经营收入(Ma and Abdulai,2016)。从既有文献来看,相关研究主要围绕增收效果量化、增收途径和增收异质性原因三个维度展开。关于增收效果量化维度,目前研究者使用多元 OLS 的线性回归模型(刘俊文,2017;孙艳华等,2007)、倾向得分匹配法(PSM)(伊藤顺一等,2011)、多值处理效应模型(刘宇荧等,2019)、双重差分法(DID 模型)(胡联,2014;张庆亮等,2017)、两阶段Heckman 模型(张晋华等,2012)以及内生转换模型(ESR)(Ma and Abdulai,2016;朋文欢、黄祖辉,2017)等进行了科学量化。尽管以上这些方法已较好地解决了内生性与不可观测变量引起的选择性偏误问题,但这些研究依然无法清晰地揭示合作社促农增收的内在动力机制和实施动态过程,缺乏必要的量化手段去检验动力机制的实际效果。

关于增收途径的研究,相关研究更多聚焦合作社的农业社会化服务功能的实现效能分析。研究认同为社员提供社会化服务是合作社成立的重要原因,服务功能是合作社组织功能发挥的有效载体和核心(苑鹏,2006)。社会化服务是合作社促农增收的重要途径,合作社的创新社会化服务模式可以多方式、多渠道地增加农民工资性、财产性和转移性收入(穆娜娜等,2016)。而种植技术培训服务是合作社最为普遍的服务(Schreinemachers et al.,2016;Ton et al.,2018)。张益丰认为技术培训有助于提升社员专有性资产投资水平,间接提高社员的收入(张益丰,2018)。尽管学者对于合作社的社会化服务提升社员收入进行了理论及实证研究,但多数研究是以理论研究和案例研究来分析社会化服务的增收效果(主观性较强),即便是实证检验也没有深入去刻画合作社参与、社会化服务提供以及社员增收的内在联结机制。

农户增收异质性原因分析维度。随着市场化、城镇化的推进,农户群体逐渐分化为兼业型（一型、二型）农户和纯农型农户（钱忠好，2008），研究认为改善农户收入一方面要提升兼业农户非农就业工资收入，另一方面也需要提高土地财产性收益（刘进等，2017）。Ton 等人则在使用元分析对来自 13 个国家 26 个样本进行分析后发现，订单合同对农户增收确实有一定正向影响，但极度贫困者无法从中获益。Ma et al.（2018）使用内生转换概率模型证实非农就业与智能手机的使用比纯农就业和未使用智能手机的收入效应分别高 3430 元和 2643 元，同时该研究还分析了非农就业与使用智能手机存在的内在因果关联，认为非农就业者会更多使用智能手机等设备实现社会交际与技术接收，从而促进农民收入增长（Ma et al.，2018）。有学者对中国云南 478 户农户技术培训与收入进行实证研究，证实政府提供的针对性早稻技术培训对农户的增收效应显著，但对拉近收入差距效果不明显（Ding et al.，2011）。另外对于组织介入对增收的影响研究近年来备受关注。其中有学者表示合作社的益贫性使得小规模和低收入农户更容易从合作社中获益，发展合作社有助于减贫和实现农户有效增收（伊藤顺一等，2011）。但另有部分学者认为由于当前中国农民合作社发展存在严重的"质行漂移"等问题，合作社"弱者联合"的特点不复存在，加之社会化服务功能缺失和"精英俘获"等问题（张益丰、孙运兴，2020），造成普通小农户参与合作社与农户的农业增收不存在显著性影响（张益丰等，2019）。其中有研究立足于产业异质性条件下分析合作社促农增收绩效，认为粮食种植户和养殖户参与合作社增收效果不显著，相反蔬果种植户加入合作社增收效果显著（张益丰、王晨，2020）。而杨义武、林万龙的研究针对区域禀赋差异条件，利用动态广义矩估计分析农业技术推广对农户的增收效应，证明经济发展水平越高的地区，农业技术的增收效应越明显（杨义武、林万龙，2016）。但上述研究存在着共性的问题有两点：一是社员（农户）实现增收和采用方法之间存在机理研究，无法明确方法与实际效果之间的内在机制演化过程，同时研究尽管都涉及组织的参与，但是相关分析并未触及组织优化、实施方法与实现增收三者的整合，结论无法了解组织优化在农户增收实践中的作用，更无法剖析组织优化实现农户增收的具体路径。

综上,尽管学术界普遍认同合作社对农户增收有积极作用,但对合作社促进农户增收机制的实现过程研究多集中在范式讨论和案例剖析,通过实证研究来诠释社员加入合作社获得增收的实现机制与贡献度量化研究存在短板。因此本文利用山东省 6 区(县)1 镇 1006 户农户数据,在通过机理分析合作社参与、种植技术培训与农户增收的作用机制后,以中介效应模型分析种植技术培训对参与合作社实现农户增收的实际贡献度,以弥补既有研究在方法上的缺陷。本文可能存在的边际贡献在于,利用第一手的调研数据,并借助中介效应模型分析方法量化了种植技术培训在农户参与合作社获得增收过程中的中介效应,保证了结论的稳健性。

三、机制分析与研究假说

（一）合作社参与对农业收入的影响

农民自愿联合组成,为满足共同服务需求而成立的自助经济组织——合作社,是当代农民获得市场谈判权力、实现增收的有效组织形式,并且在就业创造和社区发展等方面也起着重要作用(唐宗焜,2007)。农户的合作社参与促进农户增收可体现在直接和间接两方面效应。直接效应体现在农户加入合作社后,通过接受合作社的生产工艺、生产流程和品质规定,将农产品生产纳入合作社销售框架内,除获得高于一般市场价格的销售收入外,还能获得按交易额(量)利润返还,同时合作社产业链的延伸和产品质量的提升促进了合作社农产品附加值的提升,参与农户的经营收益也随之增长。间接作用主要体现在供给服务和分散风险两方面。供给服务。为社员提供所需的社会化服务是合作社成立的宗旨之一(张益丰,2019)。并且实践经验表明,合作社向农户提供社会化服务是其增收的关键因素(朋文欢、黄祖辉,2017)。合作社提供农资统一供应(产前)、统一技术指导和管理(产中)、统一销售与精加工等服务(产后)帮助农户生产,通过生产性服务供给来提高社员个体生产效率从而帮助社员增收(杨丹,2019)。降低风险。一方面表现为加入合作社实现单个资源在合作制度框架下的整合,通过适度规模化经营来降低非系统性风险;另一方面合作社通过服务供应提高社员的专用性资产投资风险抗御能力,通过合作社规范化建设实现商品交易契约与要素契约的交互治理来降低与社员交易不确定性和交易频率,从而实现社员与合作社的交易成本降低,间接提高了社员收益(Williamson,1981;迪屈奇,M.,2000;刘凤芹,2003;张益丰、孙运兴,2020)。

(二)合作社参与对接受种植技术培训的影响

向农户提供种植技术培训服务是合作社服务重要项目。合作社促进农户接受种植技术培训分为信息效应和成本效应。第一,信息效应。信息约束是制约农户接受种植技术培训、采纳新技术的重要因素(Nakano et al.,2018;Schreinemachers,2016)。实践表明,在培训主体不采取差异化策略进行培训时,租地农户和非租地农户参加培训的需求差异非常小(Wairegi et al.,2018),之所以存在未参与技术培训可能是因为农户在信息获取过程中的信息不对称。同时农户联合起来,将培训信息在社内有效传递,小农参与技术培训的概率将大大增加(Nakano,2018)。第二,成本效应。农民参加技术培训的愿望强烈,但又无意独立承担培训费用(Abebaw and Haile,2013)。实践证实合作社对社员提供技术培训服务降低了农户费用支出,促进了农民积极参与合作社组织的培训项目(Maretzki,2007)。

(三)种植技术培训对农业收入的影响

收入增长是经营能力提高、经营观念改变、社会关系网络优化的综合性结果(Tilahun et al.,2016)。基于理性人假设,农户接受种植技术培训是希望通过再教育的方式获取新知识技能和结识新同行伙伴,进而提升自身人力资本和社会资本。因此,本文通过人力资本和社会资本两条途径来分析接受种植技术培训对农户增收的影响。

舒尔茨认为,传统农业收入低下的主要原因不在于物资资本的缺乏,而是人力资本投资不足和人力资本存量匮乏(Schultz,1964)。根据人力资本理论,培训是提升人力资本水平的重要形式(Schultz,1961)。种植技术培训使农户拥有快速掌握种植新技术、采用优良新品种的优势,相对于未经过种植技术培训的农户的生产效率得到了提升,农业收入因此也会相应地提升。

实践表明,接受培训可以显著提高参与者的社会资本(Hawley et al., 2012),并且表现出明显的个体异质性,即相对于高收入农户,低收入农户更可能通过参加农业技术培训增加收入和扩大社交网络(Pratiwi and Suzuki, 2019)。这可能是由于相较于高收入农户,低收入农户接受培训的机会比较少,通过接受种植技术培训后者的心态经历了变化,在培训结束后更加注重自己的社交网络,增加社会资本。但从总体来看,通过培训参与者均可以结识同行伙伴,扩展自身的社交网络,增加社会资本。由接受种植培训获得的社会资本再通过消除信息不对称和提高市场谈判能力等机制促进农户增收(李宝值等,2019)。

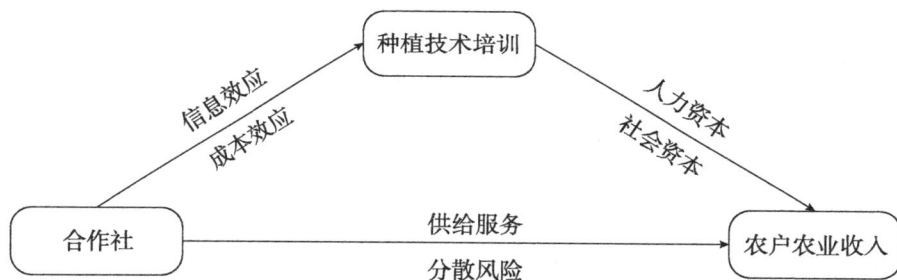

图 1　种植技术培训中介效应作用机制图

基于以上分析,本文提出 3 个研究假设以待后续验证:

假设 1　合作社促进农户接受种植技术培训是其提升农户农业收入的重要途径。服务功能是合作社组织功能的核心,而技术和信息服务是当前合作社最普遍的服务,促进农户接受种植技术培训可能是合作社促农增收的重要途径。

假设 2　高农业收入农户中介效应显著,而低农业收入农户中介效应不显著。研究上述设定的原因:一方面,以农业生产为主要收入来源的低农业收入农户,他们生产基础差,接受培训后无法将培训技能快速转化为农业经营收益的改善,农户对种植技术培训参与不积极;另一方面以非农业就业为主要收入来源的低农业收入户,他们的主要收入来源已经依赖于二、三产业经营,农业收入仅作为家庭保障性收入的一部分(A. and Apoorva, 2019)。因此农户对于参与种植技术培训来提高农业经营收益同样表现得不积极,这两方面造成中介效应不显著。对于高农业收入农户而言,农业收入可能是其家庭的主要收入来源,他们更愿意通过参加种植技术培训,采用新品种新技术来提高生产率、提升收入,中介效应更显著。

假设 3　蔬果种植户在这一机制中表现为完全中介效应,而粮食种植户则表现为部分中介效应。对于粮食种植户和蔬果种植户而言,蔬果产业市场化程度高,生产高质量对农业技术需求较大,提高农户技术将会对农户增收起到举足轻重的作用;而粮食作物受统购统销影响,表现为更多的非市场特征,对于政策因素的敏感性强,因此粮食种植的技术培训对农户增收有关键中介影响,但同时还受到其他重要因素的中介影响。因此设想,种植技术培训对于蔬果种植户增收将表现出完全中介效应,而对于粮食种植户增收将表现为部分中介效应。

四、数据来源与模型构建

(一)数据的采集与说明

本文使用的数据来源于课题组 2020 年 1 月对山东省农村居民农业社会化服务获取满意度调查问卷。调查范围选择在山东省烟台市莱州市、莱阳市、栖霞市、福山区、牟平区,淄博市桓台县以及枣庄市薛城区,样本采集地点既有传统粮食种植地区(桓台县、薛城区),也有传统果蔬产区(栖霞、莱阳、莱州市)、也有较发达的农业地区(福山区、牟平区),样本的选择呈现多样性,降低了数据的选择性偏差;同时上述地区农业政策环境相似,对于合作社的发展扶持力度基本相同,有效地降低合作社的参与对农户农业增收检验过程中的选择性偏误问题。问卷均采用分层抽样方法投放,数据的可信度较高。① 最终通过实地入户调查的方式,共获得 1311 个样本,有效数据 1006 份,有效率 76.74%。

(二)变量选择与说明

(1)被解释变量。本文参考 Carter (1997)的思路(Carter, 1997),以农户纯

_____

① 分层抽样选择,每个县按照收入高、中、低选择对应乡镇,在乡镇中按照乡镇经济条件选择高、较高、一般、低、较低选择行政村,每个行政村按照户主名单间隔抽取入户调查对象。

农收入作为被解释变量用于观察农户的农业发展情况。①

（2）解释变量。本文核心解释变量分别为合作社参与情况和种植技术培训情况。合作社参与为本文的主要解释变量，采用"你家是否加入了农民专业合作社"虚拟变量来考察农户的合作社参与情况。种植技术培训设定为中介变量，同样为虚拟变量，以此来考察农户接受种植技术培训情况。本文在中介效应进一步分析中将其替换为接受种植技术培训的次数，以考察培训次数与增收效应的关系，同时进行异质性分析，增加数据检验的稳健性。

（3）控制变量。借鉴既有研究，结合模型特征和数据的可得性，作者将控制变量分为农户特征、资源禀赋条件和农户经济状况3个层面。农户特征层面包括户主性别、受教育年限、是否为中共党员、家庭人口数、常年在外务工人数；资源禀赋条件特征包括是否城郊、有无快递点、所在地区地形特征以及从事农业生产的品种；农户经济状况包括土地流转、主要农产品、借款可得性。相关变量具体描述统计如表1所示。

表1　变量描述性统计

变量名称	变量符号	变量定义	均值	标准差	最小值	最大值
纯农收入	income	2019年家庭务农收入（万元）	2.614	4.638	−2	60
合作社参与	coop	合作社参与情况（1=是；0=否）	0.393	0.489	0	1
种植技术培训	train	2019年接受种植技术培训情况（1=是；0=否）	0.460	0.499	0	1
户主性别	male	1=男；0=女	0.907	0.291	0	1
受教育年限	edu	户主上学的年数（年）	7.921	2.535	0	17
党员	party	户主是否为党员（1=是；0=否）	0.247	0.431	0	1
家庭人口数	people	您的家庭人口数	3.691	1.491	1	11
在外务工人数	labor	常年在外务工人数	0.840	1.032	0	13
是否为城郊	suburbs	村庄所在地是否是城郊（1=是；0=否）	0.307	0.462	0	1

---

① 其中调研数据中农户纯农收入出现负值，主要原因是2019年受"利奇马"台风影响，造成山东半岛部分地区严重受灾，农户经营出现困境。

变量名称	变量符号	变量定义	均值	标准差	最小值	最大值
有无快递点	courier	村庄有无快递点(1=有;0=无)	0.377	0.485	0	1
地形特征1	terrain1	所在村庄地形(1=平原;0=无)	0.491	0.374	1	0
地形特征2	terrain2	所在村庄地形(1=丘陵;0=无)	0.207	0.014	1	0
地形特征3	terrain3	所在村庄地形(1=山地;0=无)	0.113	0.005	1	0
地形特征4	terrain4	所在村庄地形 (1=其他地区;0=无)	0.144	0.029	1	0
土地流转	landtran	有无土地流转(1=有;0=无)	0.380	0.486	0	1
农产品特点1	Porduct1	主要的农产品是什么 (1=粮食;0=其他)	0.611	0.323	0	1
农产品特点2	Porduct2	主要的农产品是什么 (1=经济作物;0=其他)	0.302	0.109	0	1
农产品特点3	Porduct3	主要的农产品是什么 (1=养殖类;0=其他)	0.125	0.015	0	1
借款可得性	loan	需要借5万元钱 难度如何(1=很容易; 2=较容易;3=一般; 4=比较难;5=难)	2.761	0.936	1	5
亲友获得 相似技术 培训与否	Relation	调查农户亲友/邻居 是否接受过相似 技术培训(1=有;0=无)	0.252	0.201	0	1

(三)描述性分析

表1显示,在本次调研前后,样本地区的农民合作社已经十分普遍,将近41.2%的农户加入了合作社。此外,样本农户2019年种植技术培训的接受率达到48.9%,户均纯农收入2.593万元,体现出我国的科技助农成效显著。

表2给出了合作社社员与非社员关键解释变量的均值差异。加入合作社的农户,其纯农收入均值为3.588万元,参加种植技术培训的概率为0.63%,接受种植技术培训次数均值为2.018,而未加入合作社的农户,其纯农收入均值为1.984,参加种植技术培训的概率为0.35%,接受种植技术培训次数均值为0.809。可见,合作社可以显著提高农户的纯农收入,亦可以促进农户接受种植技术培训。当然,简单的均值比较只能粗略地反映出合作社对纯农收入、接受

种植技术培训的影响方向,其内在机制研究需要更为准确、严谨的计量方法。

表2 合作社成员与非成员关键解释变量的均值差异

变量名称	社员(n=395)	非社员(n=611)	差值
纯农收入	3.588	1.984	1.604***
种植技术培训	0.630	0.350	0.280***
接受种植技术培训次数	2.018	0.809	1.209***

(四)计量模型构建

根据理论假设形成基准模型,验证合作社参与农户纯农收入增长的影响。

$$income_i = \beta_0 + \beta_1 coop_i + \beta_3 C_i + \varepsilon_i \tag{1}$$

其中,$income_i$ 表示农户纯农收入,$coop_i$ 表示农户合作社参与,C 为包括农户特征、农户生活条件特征和农户经济特征等一系列控制变量;β_i 为系数,ε_i 为随机扰动项。

考虑到加入合作社与接受种植技术培训之间可能存在交互影响,因此在方程(1)的基础上加入两者的交互项,得到以下方程:

$$income_i = \beta_0 + \beta_1 coop_i + \beta_3 coop_i * train_i + \beta_4 train_i + \beta_5 C_i + \varepsilon_i \tag{2}$$

最后,引入中介效应检验接受种植技术是否是合作社参与促进农户农业增收的影响机制以及机制的异质性,建立如下模型:

$$income_i = \beta_{10} + \beta_{11} coop_i + \beta_{13} C + \varepsilon_{1i} \tag{3}$$

$$train_i = \beta_{20} + \beta_{21} coop_i + \beta_{23} C + \varepsilon_{2i} \tag{4}$$

$$income_i = \beta_{30} + \beta_{31} coop_i + \beta_{32} train_i + \beta_{33} C + \varepsilon_{3i} \tag{5}$$

方程(3)-(5)的多变量与基准模型一致,因此不再赘述。其中,$train_i$ 为农户接受种植技术培训中介变量,考虑到农户培训次数越多,掌握种植技术能力越强,越能接受合作社的流程管理和实现自我资本深化,进而形成增收效应,因此将接受培训次数($train\_1$)作为接受种植技术培训变量的替换变量进行稳健性检验。

其次,不同的农业经营主体收入差距较大,为此以1万元为阀值划分了两类收入组，①分别对其中介效应进行检验；最后，本文根据农户主要农产品的不同，将样本进一步细分为粮食、蔬果两个产业进行中介效应异质性分析。中介效应检验的步骤为：首先检验解释变量（ $coop_i$ ）对被解释变量（ $income_i$ ）的系数是否显著，即 β_{11} 是否显著；如果不显著则停止中介效应分析，否则继续对方程（4）、（5）的系数进行检验；若方程（4）、（5）中解释变量（ $coop_i$ ）的系数 β_{21}、β_{31} 都显著，并且方程（5）中的中介变量（ $train_i$ ）的系数 β_{32} 也显著时，为部分中介效应；如果方程（4）中的解释变量（ $coop_i$ ）系数 β_{21} 显著，而方程（5）的中介变量（ $train_i$ ）系数 β_{32} 显著但解释变量（ $coop_i$ ）的系数 β_{31} 不显著，则为完全中介效应。

中介效应采用的 Sobel 法的检验统计量为 $z = \hat{\beta}_{21}\hat{\beta}_{32}/se(\beta_{21}\beta_{32})$ ， $\hat{\beta}_{21}\hat{\beta}_{32}$ 标准误：

$$se(\beta_{21}\beta_{32}) = \sqrt{\beta_{21}^2 se_{\beta_{32}}^2 + \beta_{32}^2 se_{\beta_{21}}^2}$$ ，其中 $\hat{\beta}_{21}$ 和 $\hat{\beta}_{32}$ 分别是 β_{21} 和 β_{32} 的估计值， $se(\beta_{21})$ 和 $se(\beta_{32})$ 为 $\hat{\beta}_{21}$ 和 $\hat{\beta}_{32}$ 标准误。检验系数乘积的统计量 $\hat{\beta}_{21}\hat{\beta}_{32}$ 需要服从正态分布，而这一点是很难保证的，因为即使 $\hat{\beta}_{21}$ 和 $\hat{\beta}_{32}$ 服从正态分布也无法保证两者的乘积服从正态分布，Sobel 检验存在局限性（Xinshu et al. , 2010）。本文将采用 Preacher 与 Hayes 提出的 bootstrap 方法进行验证（Preacher and Hayes, 2008）。②

五、计量结果分析

（一）计量实证前期准备

为克服横截面数据异方差、共线性以及内生性问题，本文针对调研数据进行以下数据准备：

（1）异方差问题。通过观察、White 检验（p 值等于 0.0079），强烈拒绝同方差的原假设，数据存在异方差，本文将使用聚类稳健标准误条件下的多元 OLS 回归来解决异方差的问题。

---

① 《中国统计年鉴》将调查农户的年总收入划分为五个等级，其中户均年收入高于 1 万元为高收入，因此本文采用 1 万元作为区分高收入与低收入的阈值分割点。

② Bootstrap 采用有放回抽样生成若干个新样本并估计，本文中通过随机抽样 1000 次，形成均值估计量作为间接效应的估计量。正是因为 Bootstrap 检验通过经验估计形成 95% 置信区间，并以分布的 2.5% 分位点和 97.5% 分位点作为严格的区间端点，克服了 Sobel z 检验的缺陷。

（2）多重共线性检验，结果显示 VIF 最大值为 1.29，远小于经验值 10，故不存在多重共线性的问题。

（3）内生性问题。本文使用工具变量（IV）方法来解决测量误差、双向因果以及遗漏变量问题。首先，通过内生性检验发现，接受种植技术培训（ $train_i$ ）为内生变量；其次，选取是否农户邻居或亲友接受相同/类似技术培训作为农户接受种植技术培训的工具变量，并进行了相关性检验。① 结果显示 Person 相关系数为 0.363（P=0.0000），且邻居/亲友接受技术培训与否与农户农业收入并不直接相关。此外，2SLS 估计、GMM 估计均通过了弱工具变量检验、不可识别检验、Hausman 检验和 DWH 检验（均在 1%水平上显著），工具变量有效。

（二）基准模型

表 3 展示了加入合作社参与、接受种植技术培训影响农户农业收入的回归结果。本文采用稳健标准误条件下 OLS、2SLS、GMM 的估计方法对方程进行了估计，其中，（1）、（2）列为 OLS 方法的估计结果，不同的是（2）列加入了合作社与接受种植技术培训经过中心化处理的交互项；（3）-（4）列为 2SLS 估计结果，（5）-（6）列为 GMM 估计结果，二者估计结果相似。各模型估计结果显示，接受种植技术培训、交互项的系数均显著为正；合作社参与回归系数为正，虽然不显著，但可以发现加入合作社对农户农业增收具有一定的作用。假设 1（合作社促进农户接受种植技术培训是其提升农户农业收入的重要途径）部分得证。控制变量中户主性别、家庭人口数、土地流转、主要农产品均表现为统计正相关，与预期判断一致，可能是由于户主为男性，对提高家庭收入的责任越大越希望通过新技术、新品种带来种植的高产出率，对新技术、新品种的接受程度也就越高，带来农业收入的增长；而家庭人口数、土地流转与农户种植面积有很大的联系，家庭人口数越多，参与土地流转，种植面积可能也越大，农业收入也随之增

---

① 采用该指标一方面认为作为生活在熟人/半熟人社会的农户，当其亲友/邻居接受先进培训并有可能获益时，农户会形成跟随效应也积极参与培训，同时他人的培训实际与自己家庭是否参与并无直接关联。上述工具变量的设计思路在 Ma et al.（2017）研究中也曾经使用过。

长,主要农产品则是由于粮食、蔬果与养殖产品价格带来的农业收入增长;常年在外务工人数、村庄是否位于城市郊区、有无快递点、借款可得性对提升农户农业收入具有显著负向影响,这说明常年在外务工人数越多、村庄成为城市郊区、有快递点等强调农户不再以农业收入为主要收入来源,故表现出负效应;户主受教育年限、是否为中共党员、村庄地形则与农户农业收入无显著相关性。

表3 合作社参与对农户农业收入影响的估计结果

	(1) OLS	(2) OLS_inter	(3) 2SLS	(4) 2SLS_inter	(5) GMM	(6) GMM_inter
coop	0.816***	0.751***	0.160	0.132	0.160	0.132
	(3.072)	(2.912)	(0.453)	(0.373)	(0.453)	(0.373)
train	1.068***	1.092***	4.050***	3.889***	4.050***	3.889***
	(4.603)	(4.686)	(3.474)	(3.426)	(3.474)	(3.426)
male	0.571**	0.561**	0.725**	0.705**	0.725**	0.705**
	(2.457)	(2.461)	(2.459)	(2.524)	(2.459)	(2.524)
edu	0.062	0.068	−0.003	0.007	−0.003	0.007
	(1.155)	(1.245)	(−0.052)	(0.118)	(−0.052)	(0.118)
party	−0.081	−0.138	−0.553	−0.584	−0.553	−0.584
	(−0.229)	(−0.388)	(−1.460)	(−1.547)	(−1.460)	(−1.547)
people	0.375***	0.376***	0.356***	0.358***	0.356***	0.358***
	(4.068)	(4.097)	(3.718)	(3.781)	(3.718)	(3.781)
labor	−0.439***	−0.464***	−0.402***	−0.431***	−0.402***	−0.431***
	(−3.514)	(−3.620)	(−3.218)	(−3.365)	(−3.218)	(−3.365)
suburbs	−0.430*	−0.392	−0.090	−0.071	−0.090	−0.071
	(−1.713)	(−1.580)	(−0.316)	(−0.250)	(−0.316)	(−0.250)
courier	−1.008***	−0.948***	−1.245***	−1.166***	−1.245***	−1.166***
	(−3.834)	(−3.675)	(−4.028)	(−3.904)	(−4.028)	(−3.904)
terrain1	−0.173	−0.201	−0.187	−0.216	−0.187	−0.216
	(−1.110)	(−1.270)	(−1.098)	(−1.255)	(−1.098)	(−1.255)
terrain2	−0.079	−0.085	−0.068	−0.086	−0.072	−0.090
	(−0.501)	(−0.541)	(−0.535)	(−0.420)	(−0.476)	(−0.514)
terrain3	−0.159	−0.185	−0.168	−0.174	−0.152	−0.149
	(−0.651)	(−0.920)	(−0.711)	(−0.713)	(−0.878)	(−0.953)

续表

	(1)	(2)	(3)	(4)	(5)	(6)
landtran	1.580***	1.545***	1.418***	1.390***	1.418***	1.390***
	(5.613)	(5.542)	(4.894)	(4.833)	(4.894)	(4.833)
Product1	0.743	0.698	0.712	0.755	0.761	0.684
	(0.911)	(0.841)	(0.904)	(1.005)	(0.859)	(0.861)
Product2	1.265***	1.296***	0.848***	0.907***	0.848***	0.907***
	(4.942)	(5.094)	(2.711)	(2.952)	(2.711)	(2.952)
loan	-0.937***	-0.956***	-0.842***	-0.868***	-0.842***	-0.868***
	(-4.833)	(-4.903)	(-4.356)	(-4.477)	(-4.356)	(-4.477)
coop * train		1.905***		2.039***		2.039***
		(3.329)		(3.294)		(3.294)
C	0.711	0.631	0.572	0.495	0.572	0.495
	(0.764)	(0.682)	(0.590)	(0.518)	(0.590)	(0.518)
N	1006	1006	1006	1006	1006	1006
R^2	0.204	0.214	0.118	0.137	0.118	0.137
不可识别检验			0.000	0.000	0.000	0.000
弱工具变量检验			109.696***	109.696***	109.696***	109.696***
DWH 检验			12.101***	12.101***	12.101***	12.101***

注:1.不可识别检验报告的是 Kleibergen-Paap rk LM 检验的 P 值,弱工具变量检验报告的是 Cragg-Donald Wald F 统计,DWH 检验报告的是 Wu-Hausman F 统计量;*、**、***分别表示 p 值在 10%、5%、1%水平上显著,括号中为聚类稳健标准误下的 t 统计值;常数项系数不汇报。

（三）中介机制检验

为了进一步梳理合作社参与、接受种植技术培训对农户农业收入的作用机制,本文以接受种植技术培训为中介变量进一步对方程(3)—(5)进行估计,估计结果见表4。限于篇幅,仅汇报解释变量的估计结果。在 Step1 的回归结果中,合作社参与($coop_i$)对农户农业收入($income_i$)在 1%的水平上有显著的正向促进效应,表明加入合作社促进了农户农业收入的提高。Step2 考察合作社参与对接受种植技术培训的促进作用,结果显示合作社参与($coop_i$)的系数在 1%的水平上显著,说明合作社参与促进了农户接受种植技术培训。Step3 在

Step1 的基础上加入了接受种植技术培训变量,结果显示合作社参与($coop_i$)和接受种植技术培训($train_i$)的系数都显著为正,而且在加入接受种植技术培训变量后合作社参与的系数由 1.051 降为 0.816。结论通过 Sobel z 检验拒绝了原假设,显示接受种植技术培训的中介效应为 0.235(10%水平上显著),表明接受种植技术培训在合作社参与对农户农业收入增收效应中起了部分中介效应,并且中介效应占比 22.36%,即在农户加入合作社后农业收入提高的总效应中,有 22.36%的增长是由社员参加种植技术培训的方式实现的。合作社促进农户增收的重要渠道来自于为社员提供农业生产技术服务/培训。通过 bootstrap 检验来规避 Sobel z 检验的不足,结果显示中介效应值为 0.235,且通过 1%显著性检验,假设 1 可证。

表4 种植技术培训机制的估计结果

变量	Step1 income	Step2 train	Step3 income
coop	1.051*** (3.76)	0.220*** (7.15)	0.816*** (2.86)
train	–	–	1.068*** (3.73)
控制变量	控制	控制	控制
Sobel z 检验	总效应		1.050*** (3.78)
	直接效应		0.816*** (2.86)
	中介效应		0.235* (1.88)
	中介效应占比		22.36%
Bootstrap 检验	中介效应		0.235*** (3.98)
N		1006	

注:*、**、***分别表示 p 值在 10%、5%、1%水平上显著,括号中为聚类稳健标准误下的 z 统计值,Sobel 检验法中括号内为 z 值,bootstrap 中介效应检验中括号内为 bootstrap 标准误条件下 z 值,–为未报告数据。

（三）中介机制稳健性检验

表5汇报了农户接受种植技术培训次数的中介效应 Sobel z 检验,结果显示,接受培训次数的中介效应值在5%显著性水平上统计显著,且呈现部分中介效应（Step3 中 $coop_i$ 的系数显著）,中介效应为 0.433,占总效应的比例为38.74%。与表3相比,间接效应提高了 16.38%。也就是说,接受种植技术培训次数越多,其解释加入合作社促农增收的力度越大,结论同时通过 bootstrap 检验,且中介值通过1%统计显著检验。假设1得证。

表5　种植技术培训机制的估计结果——基于培训次数

变量	Step1 income	Step2 train_1	Step3 income
coop	1.117*** (3.93)	1.008*** (8.18)	0.684** (2.37)
train_1	–	–	0.430*** (5.91)
控制变量	控制	控制	控制
Sobel z 检验	总效应	1.117*** (4.00)	
	直接效应	0.684** (2.38)	
	中介效应	0.433* (2.34)	
	中介效应所占比重	38.47%	
Bootstrap 检验	中介效应值	0.433*** (4.07)	
观测值	987		

注:*、**、***分别表示 p 值在10%、5%、1%水平上显著,括号中为聚类稳健标准误下的 z 统计值,Sobel 检验法中括号内为 z 值,bootstrap 中介效应检验中括号内为 bootstrap 标准误条件下 z 值,–为未报告数据。

表6 机制的个体异质性估计结果

项目	变量		Step1 income	Step2 train_1	Step3 income
income<1万	coop		0.015 (0.46)	0.664*** (4.57)	0.009 (0.27)
	train_1				0.009 (0.75)
	控制变量		控制	控制	控制
	Sobel z 检验	总效应			0.015 (0.46)
		直接效应			0.009 (0.27)
		中介效应			0.006 (0.68)
		中介效应占比			N/A
	Bootstrap 检验	中介效应			0.006 (0.89)
		N			383
income≥1万	coop		1.179*** (2.80)	1.078*** (6.16)	0.816* (1.89)
	train_1				0.336*** (3.43)
	控制变量		控制	控制	控制
	Sobel z 检验	总效应			1.179** (2.82)
		直接效应			0.816** (1.89)
		中介效应			0.363* (1.61)
		中介效应占比			30.76%
	Bootstrap 检验	中介效应			0.363** (2.83)
		观测值			604

注: *、**、***分别表示 p 值在 10%、5%、1%水平上显著,括号中为聚类稳健标准误下的 z 统计值,Sobel 检验法中括号内为 z 值,bootstrap 中介效应检验中括号内为 bootstrap 标准误条件下 z 值,-为未报告数据。

（四）中介机制的收入异质性分析

根据《中国统计年鉴》划分标准以农业收入 1 万元为阈值将农户分为两组进行异质性分析，其中农业收入小于 1 万元的农户（低收入或者涉农发展不足）383 份，大于等于 1 万元的农户（高收入或者涉农发展较好）有 604 份，表 6 中显示接受种植技术培训中介效应的个体异质性。结果显示，对于农业收入小于 1 万元的农户，Step1 中的 $coop_i$ 系数为正，但并不显著，说明低农业收入农户在这一机制中中介效应不显著，但合作社参与和农户增收存在微弱的正相关，这与胡联、朋文欢等的研究结果一致（胡联，2014；朋文欢、黄祖辉，2017），可能的原因是目前部分合作社社会化服务功能缺失、普通弱势社员加入合作社并未能够通过接受针对性培训或技术扶持，促使自身技术能力提升向涉农收益提升转化；另一种可能是农户已通过兼业生产方式将收入的主要部分转变为非农就业收入，因此尽管这些农户依然通过土地入股等形式"加入"合作社，但其收益也就为土地分红等固定收益，并不关注农业生产的技术培训，这造成上述农户通过技术获取来提升农业收入的转化路径被切断；对于农业收入大于等于 1 万元的农户，$coop_i$ 和 $train\_1_i$ 的系数均显著，并且在加入接受种植技术培训变量后，$coop_i$ 的系数由 Step1 中的 1. 179 降为 Step3 中的 0. 816，接受种植技术培训次数的中介效应占比为 30. 76%。可见，接受种植技术培训次数越多，越能带动高收入农户农业收入增长，同时也说明依赖农业收入作为重要收入的群体，更希望通过获取有用的技术培训来增加专业技能，从而帮助其融入合作社经营中，实现自身发展。假设 2 得证。

（五）中介机制的产业异质性分析

本文考虑农户经营产品异质性，将农户分为从事粮食种植户和蔬果种植户两部分进行产业异质性分析（从事养殖产业的农户有 11 份，样本数量较少，因此剔除相关数据），其中从事粮食种植的农户有效问卷 494 份，从事蔬果种植的农户问卷 482 份。表 7 汇报了产业异质性分析的回归结果。结果显示在 Step1 和 Step2 中，$coop_i$ 的系数均在 5%的水平上显著为正，不同的是对于粮食种植户

Step3 中 $coop_i$ 和 $train\_1_i$ 均显著,对于蔬果种植户 Step3 中 $train\_1_i$ 的系数显著而 $coop_i$ 的系数不显著。表明无论农户从事粮食种植或是蔬果种植,接受种植技术培训在合作社参与促进农户农业增收中的中介效应均显著。

　　粮食种植户加入合作社提升农业收入的增收效应中起到部分中介效应,中介值为 0.621,且通过 Sobel z 检验 1%显著性水平检验,中介效应占总效应的比例为 47.7%;在蔬果种植户的增收效应中则起到完全中介效应,中介效应值 0.294,占总效应的比重为 31.19%,同样通过 Sobel z 检验和 Bootstrap 检验。数据显示粮食种植户、蔬果种植户参与合作社的优势均在于能获得种植技术培训,实现自身资产专有性的提升,改变自身农业生产经营效率从而实现农业增收。而且粮食种植户合作社参与对收入的中介影响为部分影响,但中介影响占收入提升影响比重相对蔬果种植户大,这可以解释为粮食种植型合作社社员更多通过土地托管、代种代收等形式参与合作社,种植技术培训更多集中在由合作社组织的统一生产技术和流程管理培训,技术培训更有针对性,能促进社员采用合作社技术,在帮助社员交易成本降低方面创造条件,实现社员稳定增收。由于粮食作物生产受政策影响很大,可能政策干预的中介因素是农户增收的另一原因,但这一结果由于没有相关数据支持,无法得以证明,这也为我们的进一步研究打开了空间。实证数据还显示,尽管蔬果种植社员接受技术培训服务将会对农户农业增收影响显著,但中介效应依然偏低(中介效应占比 31.19%),主要原因可能是当前蔬果种植户规模小,培训的服务的供给方多元(既有合作社、又有政府部门、村集体、农业企业等),培训项目也缺乏针对性(既有果蔬种植技术、流程服务也有电商等培训),无法做到以合作社为平台对社员实施精准服务供给,因此缺乏针对性的技术培训对社员涉农项目增收的中介影响程度要相对较低。假设 3 亦得证。

表 7   机制的产业异质性估计结果

项目	变量		Step1 income	Step2 train_1	Step3 income
粮食种植	coop		1.302*** (3.51)	0.985*** (7.22)	0.681* (1.79)
	train_1				0.631*** (5.23)
	控制变量		—	—	—
	Sobel z 检验	总效应			1.302*** (3.51)
		直接效应			0.681* (1.79)
		中介效应			0.621*** (4.23)
		中介效应占比			47.7%
	Bootstrap 检验	中介效应		0.621*** (3.48)	
	观测值		494	494	494
蔬果种植	coop		0.942** (2.15)	0.990*** (4.66)	0.648 (1.46)
	train_1				0.297*** (3.15)
	控制变量		—	—	—
	Sobel z 检验	总效应			0.942** (2.15)
		直接效应			0.648 (1.46)
		中介效应			0.294** (2.61)
		中介效应占比			31.19%
	Bootstrap 检验	中介效应			0.294** (2.22)
	观测值		482	482	482

注：*、**、***分别表示 p 值在 10%、5%、1%水平上显著,括号中为聚类稳健标准误下的 z 统计值,Sobel 检验法中括号内为 z 值,bootstrap 中介效应检验中括号内为 bootstrap 标准误条件下 z 值,控制变量系数中-为未报告数据。

（六）简短讨论

本文的实证部分主要聚焦于以下三个维度：首先，研究通过基准回归，结合2SLS与GMM分析手段验证了参与合作社对于普通农户纯农收入具有显著正相关，其结论稳健可靠，同时通过Sobel z中介效应检验与bootstrap中介效应检验验证了获得生产技术培训是农户参与合作社与其实现纯农增收之间的重要中介。其次，研究通过分类检验，发现纯农收入低的农户获取生产技能培训不能成为参与合作社与能获得农业经营增收的中介；而纯农收入高的农户获得生产技能培训是参与合作社与获得农业经营增收的关键中介。再次，作者按种植项目进行分类中介效应检验，研究发现粮食、蔬果种植户参与合作社与获得农业经营增收之间，获得生产技术培训均起到显著的中介作用，粮食种植社员的生产技术培训的增收中介效应占比更大。

六、结论与政策建议

本文使用2020年山东省6县（区）1镇的1006份农户调研数据进行中介效应模型检验，分析通过种植技术培训实现社员合作社参与促进农户增收的实现机制研究，得出以下结论：第一，合作社提供的种植技术培训服务确实是提升农户农业收入的重要渠道；种植技术培训的中介效应能够解释加入合作社实现农户农业经营收入增加总效应的22.36%；而增加接受种植技术培训次数的中介效应分析的解释力度更强。第二，收入异质性表明，接受种植技术培训对于高农业经营收入农户的中介效应显著，而对于低农业经营收入农户的中介效应不显著。第三，无论是粮食种植户或是蔬果种植户，参加种植技术培训的中介效应均显著，但对蔬果种植户表现为完全中介效应，对粮食种植户表现为部分中介效应，中介效应分别为47.71%和31.19%。

尽管研究的最终结论并不复杂，但其政策含义非常关键和具有实践意义。基于实证结果，本文提出以下政策建议：

第一，鼓励合作社以社会化服务来形成小农户与现代农业经营主体的利益联结和价值趋同，尤其是促进合作社为社员提供有针对性的技术培训项目，通过技术培训来促使社员接受合作社的生产规程,在实现自身经营能力提升的同时增强其产品生产的规范性和标准化,使得小农户生产与现代农业接轨。

第二,针对不同农业经营规模和生产能力的社员(农户),应该提供针对性的技术培训项目,农业收入高的农户增强生产流程管理和营销服务培训;通过对低农业经营收入农户进行精准分类,为有发展意愿的社员提供技能培训来提高种养殖技能,而对于无意从事农业生产的农户则鼓励其通过股权转让等形式,进一步降低种植规模。

第三,针对不同生产品种,促进技术培训的精准实施。蔬果产业更需要借助合作社来提供精准的蔬果产业化技能培训,提升其经营与合作社发展契合度,从而帮助蔬果种植户通过吸收农业技术提升致富能力。而大田作业技术培训应强调流程培训,促进经营者种植规范化。

参考文献

[1]A. , G. A. C. and Apoorva, S. Universal Basic Income for India: The Way Towards Right to Equality-A Review, *Indian Journal of Economics and Development*, 15(1), 2019.

[2]Abebaw, D. and Haile, M. G. The impact of cooperatives on agricultural technology adoption: Empirical evidence from Ethiopia. *Food Policy*, 38: 82 - 91, 2013.

[3]Carter, C. A. The Urban-Rural Income Gap in China: Implications for Global Food Markets. *American Journal of Agricultural Economics*, 79(5): 1410- 1418, 1997.

[4]Ding, S. , Meriluoto, L. , Reed, W. R. , Tao, D. and Wu, H. The impact of agricultural technology adoption on income inequality in rural China: Evidence from southern Yunnan Province. *China Economic Review*, 22(3): 344-356, 2011.

[5]Hawley, S. R. , St. Romain, T. , Rempel, S. L. , Orr, S. A. and Mol-

gaard, C. A. Generating social capital through public health leadership training: a six-year assessment, *Health Education Research*, 27(4): 671–679, 2012.

[6]Ma, W. and Abdulai, A. Does cooperative membership improve household welfare? Evidence from apple farmers in China. *Food Policy*, 58: 94–102, 2016.

[7]Ma, W., Abdulai, A. and Goetz, R. Agricultural Cooperatives and Investment in Organic Soil Amendments and Chemical Fertilizer in China. *American Journal of Agricultural Economics*, 100(2): 502–520, 2017.

[8]Ma, W., Renwick, A., Nie, P., Tang, J. and Cai, R. Off-farm work, smartphone use and household income: Evidence from rural China. *China Economic Review*, 2018.

[9]Maretzki, A. N. Women's NutriBusiness Cooperatives in Kenya: An Integrated Strategy for Sustaining Rural Livelihoods. *Journal of Nutrition Education and Behavior*, 39(6): 327–334, 2007.

[10]Nakano, Y., Tsusaka, T. W., Aida, T. and Pede, V. O. Is farmer-to-farmer extension effective? The impact of training on technology adoption and rice farming productivity in Tanzania. *World Development*, 105: 336–351, 2018.

[11]Pratiwi, A. and Suzuki, A. Reducing Agricultural Income Vulnerabilities through Agroforestry Training: Evidence from a Randomised Field Experiment in Indonesia. *Bulletin of Indonesian economic studies*, 55(1): 83–116, 2019.

[12]Preacher, K. J. and Hayes, A. F. Contemporary approaches to assessing mediation in communication research. *The Sage sourcebook of advanced data analysis methods for communication research*: 13–54, 2008.

[13]Schreinemachers, P., Wu, M., Uddin, M. N., Ahmad, S. and Hanson, P. Farmer training in off-season vegetables: Effects on income and pesticide use in Bangladesh. *Food Policy*, 61: 132–140, 2016.

[14] Schultz, T. W. *Transforming traditional agriculture*. Yale University Press, 1964.

[15]Schultz, T. W. Investment in Human Capital. *The American Economic Review*, 51(1): 1–17, 1961.

[16]Tilahun, M., Maertens, M., Deckers, J., Muys, B. and Mathijs, E. Impact of membership in frankincense cooperative firms on rural income and poverty in Tigray, Northern Ethiopia. *Forest Policy and Economics*, 62: 95–108, 2016.

[17]Ton, G., Vellema, W., Desiere, S., Weituschat, S. and D'Haese, M. Contract farming for improving smallholder incomes: What can we learn from effectiveness studies. *World Development*, 104: 46–64, 2018.

[18]Wairegi, L. W. I., Bennett, M., Nziguheba, G., Mawanda, A., Rios, C. D. L., Ampaire, E., Jassogne, L., Pali, P., Mukasa, D. and van Asten, P. J. A. Sustainably improving Kenya's coffee production needs more participation of younger farmers with diversified income. *Journal of Rural Studies*, 2018.

[19] Williamson, O. E.: The Economics of Organization: The Transaction Cost Approach. *The American Journal of Sociology*, 87(3): 548–577, 1981.

[20]Xinshu, Z., G. John, L. and Qimei, C. Reconsidering Baron and Kenry: Myths and Truths about Mediation Analysis. *Journal of Consumer Research*, 37(2): 197–206, 2010.

[21]促进农民专业合作社健康发展研究课题组,苑鹏,曹斌,崔红志.空壳农民专业合作社的形成原因、负面效应与应对策略[J].改革,2019(3).

[22]迈克尔·迪屈奇.交易成本经济学:关于公司的新的经济意义[M].北京:经济科学出版社,2000年.

[23]胡联.贫困地区农民专业合作社与农户收入增长——基于双重差分法的实证分析[J].财经科学,2014(12).

[24]李宝值,杨良山,黄河啸,朱奇彪.新型职业农民培训的收入效应及其差异分析[J].农业技术经济,2019(2).

[25]刘凤芹.不完全合约与履约障碍——以订单农业为例[J].经济研究,2003(4).

[26]刘进,赵思诚,许庆.农民兼业行为对非农工资性收入的影响研究——来自CFPS的微观证据[J].财经研究,2017(12).

[27]刘俊文.农民专业合作社对贫困农户收入及其稳定性的影响——以山东、贵州两省为例[J].中国农村经济,2017(2).

[28]刘宇荧,张社梅,傅新红.农民专业合作社能否提高成员的收入?——基于参与模式的考察[J].农村经济,2019(4).

[29]马铃,刘晓昀.发展农业依然是贫困农户脱贫的重要途径[J].农业技术经济,2014(12).

[30]穆娜娜,孔祥智,钟真.农业社会化服务模式创新与农民增收的长效机制——基于多个案例的实证分析[J].江海学刊,2016(1).

[31]朋文欢,黄祖辉.农民专业合作社有助于提高农户收入吗?——基于内生转换模型和合作社服务功能的考察[J].西北农林科技大学学报(社会科学版),2017(4).

[32]钱忠好.非农就业是否必然导致农地流转——基于家庭内部分工的理论分析及其对中国农户兼业化的解释[J].中国农村经济,2008(10).

[33]孙艳华,周力,应瑞瑶.农民专业合作社增收绩效研究——基于江苏省养鸡农户调查数据的分析[J].南京农业大学学报(社会科学版),2007(2).

[34]唐宗焜.合作社功能和社会主义市场经济[J].经济研究,2007(12).

[35]徐旭初,吴彬.合作社是小农户和现代农业发展有机衔接的理想载体吗?[J].中国农村经济,2018(11).

[36]杨丹.市场竞争结构、农业社会化服务供给与农户福利改善[J].经济学动态,2019(4).

[37]杨义武,林万龙.农业技术进步的增收效应——基于中国省级面板数据的检验[J].经济科学,2016(5).

[38]伊藤顺一,包宗顺,苏群.农民专业合作社的经济效果分析——以南京市西瓜合作社为例[J].中国农村观察,2011(5).

[39]苑鹏.试论合作社的本质属性及中国农民专业合作经济组织发展的

基本条件[J].农村经营管理,2006(8).

[40]张晋华,冯开文,黄英伟.农民专业合作社对农户增收绩效的实证研究[J].中国农村经济,2012(9).

[41]张庆亮,刘品,胡联,王唤明.农民专业合作社对农户收入增加的影响——以怀远石榴专业合作社为例[J].经济与管理,2017(4).

[42]张益丰.资产专有性、政府精准扶持对象选择及合作社组织优化——基于东营妇联对合作社成员资助的多案例比较[J].农业经济问题,2018(4).

[43]张益丰.合作社提供社会化服务的目的、意义及发展方向——以蔬果类合作社为例[J].中国农民合作社,2019(11).

[44]张益丰,韩杰,王晨.土地流转、农业适度规模化及农户增收的多维度检视——基于三省584户农业经营户调研数据的实证研究[J].经济学家,2019(4).

[45]张益丰,孙运兴."空壳"合作社的形成与合作社异化的机理及纠偏研究[J].农业经济问题,2020(8).

[46]张益丰,王晨.项目资助能有效提高异质性条件下农民收入吗?[J].西北农林科技大学学报(社会科学版),2020(5).

财政支持对农民专业合作社绩效影响的研究
——基于安徽省 399 家示范社数据[①]

孙倚梦

摘　要:本文通过对安徽省农业农村厅农村合作经济指导处 2019 年对省内部分示范社监测数据的整理,构建合作社绩效评价体系,在利用因子分析法测度各样本社绩效的基础上,运用处理效应模型探究财政支持对合作社综合绩效及多维绩效的影响,并利用倾向得分匹配法进行稳健性检验。研究结果显示:第一,当前合作社总体发展水平较好,但绩效突出的合作社数量非常少;第二,财政支持对合作社综合绩效有显著促进作用,但对合作社各维度绩效的影响程度不同,其中财政支持可以显著促进合作社社会绩效和治理绩效的提升,对合作社经济绩效有提升作用但不显著。基于所得结论,本文提出要深入推进示范社建设,提高财政支持力度,坚持合作社规范发展,完善利益联结机制的政策建议。

关键词:财政支持;合作社绩效;处理效应模型

一、引言

农民专业合作社(以下简称"合作社")是现阶段推进农业经营体制机制创新领域的重要组成部分,作为一种重要的新型农业经营主体,合作社在推动农村经济发展中所起到的作用不可忽视。根据农业农村部披露的信息,截至

---

① 孙倚梦,安徽大学经济学院硕士生。研究方向为农民合作社。

2019 年 7 月底,全国依法注册登记的合作社已有 220.7 万家,农户参与度接近 50%。合作社通过共同出资、共创品牌、共享利益,组建了 1 万多家联合社。此外,通过国家、省、市、县级示范社四级联创,目前县级以上示范社达到 18 万家,国家级示范社近 8500 家。① 合作社的发展极大地推进了农业现代化进程,为乡村振兴战略实施注入新动能,被政府视为增加农户收入、实现农业产业升级的重要组织形式。

合作组织制度的反市场性决定了其对政府支持具有天然的倾向性,政府支持措施是推动合作社发展的重要力量,也是影响合作社绩效的重要因素。农民经济合作组织能否实现健康、快速与规范化发展,在某种程度上取决于政府为其所营造的外部环境的优劣。有学者认为政府支持会促进合作社发展。Pestoff(2009)认为政府资源投入能有效改善合作社运营状况,尤其是对于规模小、资本缺乏的合作社来说,政府部门的政策倾斜或直接资金扶持是最现实的、低成本的、可期待的资源。林星等(2018)通过对湖北省 255 家省级示范社的数据分析发现,政府支持对合作社不同维度的规范化均存在正向影响。苏群等(2019)运用 PSM 模型对苏浙两省的部分种植业合作社进行实证分析,结果显示获得财政支持的合作社绩效显著高于未获得财政支持的合作社,表明财政支持对合作社的发展有较好的促进作用。但政府在扶持合作社发展过程中也出现了一些问题。缪恩科勒(1991)指出,政府利用扶持手段激励合作社发展的方式会让合作社丧失自我生存与发展的能力。尤其是在我国政府全面治理的情境中,农民合作社与政府之间存在着不对称的相互赋权关系,而政府拥有较大的干预优势和作用空间。政府过度干涉合作社建设容易造成"诺斯悖论",相较于直接参与,郭红东等(2004)认为政府更应该重视如何从法律法规、政策制定和监督管理等外部环境方面为合作社的发展创造条件。Mwaura(2014)认为,如果政府过度给予合作社扶持资源,不仅破坏市场的公平竞争,造成公共资

---

① 农业农村部:全国登记合作社 220 万家 辐射近半农户,http://finance.sina.com.cn/china/gncj/2019-09-29/doc-iicezueu9152444.shtml.

源浪费,也会降低合作社效率。赵然芬、侯金如(2014)认为当前政府对于合作社的扶持资源重点都集中在示范社"硬件"建设上,忽略了对示范社"软实力"以及数量更多的非示范社的建设,导致合作社发展"两极分化"。黄胜忠、刘洋洋(2013)指出财政支持可以有效改善合作社外部环境,提升合作社竞争力和服务能力,但当前政府制定的扶持政策存在缺乏总体规划和有效监管、扶持内容出现偏差、扶持方式需要整合等问题,必须进一步优化。周再清、邱浩宇(2015)认为合作社发展中的财政问题主要有三类:一是财政补贴资金总量少、扶持面窄;二是扶持资金零散、缺乏配套支持;三是财政扶持项目混乱、设立类别不清晰。熊彩云(2020)、李冬梅(2020)指出政府扶持合作社发展过程中存在宏观环境营造不力、扶持措施不完善、扶持理念落后、缺乏运用财政政策促进合作社发展的实践经验等问题。

合作社是以农户为主体、具有自主经营管理的经济组织,民主控制、服务社员是合作社的本质特征和制度优势,但合作社也需要参与市场竞争、对外盈利,因此在市场经济的大环境下追求高绩效是合作社的必然选择。当前我国合作社发展取得瞩目成绩,合作社数量不断攀升、农户参与度日益提高,但农业作为弱质产业、农户作为弱势群体,使合作社在发展过程中容易出现制度建设不完善、内部管理松散、发展规模偏小、发展资金短缺、抗风险能力弱等问题,其发展潜力远远没有得到释放。尤其是现阶段我国合作社正逐渐由爆发式增长转向稳定增长阶段、由数量增长转向质量提升阶段,合作社若要获得持续发展,必然需要借助外部力量,尤其是政府资源扶持,也正因如此,合作社对政府表现出较强的依附性。那么政府扶持资源如何解决合作社发展瓶颈、弥补合作社资金短缺等问题进而提升合作社绩效呢?本文通过对安徽省合作经济指导处 2019 年对省内部分示范社监测数据的整理,先构建合作社评价指标体系并运用因子分析法测算出合作社绩效;再运用处理效应模型探究财政支持对合作社综合绩效及多维绩效的影响,并利用倾向得分匹配法进行稳健性检验;最后针对所得结论提出相关政策建议。

二、合作社绩效评价

（一）数据来源

安徽属于农业大省,合作社的建设对推动省内农业经济发展具有重要影响。截至 2019 年底,安徽省内注册登记的合作社数量达到 105149 家,排名全国第八,近 450 万小农户参与到合作社生产过程中,各级示范社数量共 12929 家,超过合作社总量的 10%。[①] 安徽省合作社数量较多,发展时间较长,运行较为规范,具有较好的代表性,其中示范社作为承接政府资源的有效载体,是政府重点扶持对象,因此本研究选用安徽省示范社作为样本进行分析。

本研究所使用的合作社数据来源于 2019 年安徽省合作经济指导处对省内 16 个地级市部分示范社进行的监测调查。本次监测调查的合作社总数为 482 家,剔除所填数据前后不一致、关键性指标缺失、无实际经营活动的不规范合作社等 83 家,最终获取 399 家合作社的有效监测数据,有效率为 82.78%。监测范围覆盖安徽省所有地级市,覆盖范围广、样本量较多,能较好地反映现阶段安徽省示范社的整体发展水平。

（二）评价指标选取和介绍

合作社绩效研究一直是学术界关注的热点,但对于合作社绩效评价体系的构建,目前仍未形成统一研究范式。基于不同的研究角度,学者们选择衡量绩效的指标也各有侧重。赵佳荣（2010）将合作社看作是一类"特殊企业",在评价合作社绩效时参考"三重底线"理论,从经济、社会、环境三个角度构建指标体系。徐旭初（2009）认为合作社作为具有企业和共同体属性的一类特殊经济组织,在进行绩效评价时既需要包括组织建设、经营生产等行为性指标,也需要包括社员收入、组织发展及社会影响等产出性指标。合作社的企业属性需要其参与市场竞争、对外盈利,经济效益提升才能吸引更多农户参与,才有足够资本寻求多元发展,因此在评价合作社绩效时,需要考虑合作社经营状况。但如果

---

① 2019 年安徽农业农村改革发展十件大事, http://nync. ah. gov. cn/snzx/zwxxi/11073671. html.

只单纯使用收入、利润等指标衡量合作社绩效,而没有体现其社会价值,会显得过于片面。合作社的共同体属性追求平等、民主、互助,民主控制的治理原则表现为社员对合作社满意程度,而分配原则体现在盈余返还制度。此外,合作社对带动当地农户就业、挖掘地方资源、促进地区发展等方面也产生积极影响。因此,本文依托问卷调查所获数据,同时参考浙江省农业厅课题组(2008)、杨丹和唐雨(2019)以及 2018 年度国家农民合作社示范社发展指数报告等研究,选择从社会绩效、经济绩效和治理绩效三个维度对合作社综合绩效进行评价,具体指标选取及含义见表 1。

表 1　指标选取及含义

一级指标	二级指标	指标含义
社会绩效	提供就业岗位数(人)	合作社的劳动力人数
	贫困户成员数(人)	合作社中属于贫困户的成员数
经济绩效	年总利润(万元)	该合作社 2018 年度实现的总收益,等于年度总收入减去总支出
	年经营收入(万元)	该合作社 2018 年度实现的经营性总收入
治理绩效	按交易额向社员返还盈余比例(%)	该合作社 2018 年度从盈余中按社员与合作社交易额的比例返还给社员的总金额占总盈余的比例
	社员对合作社的治理满意度(分)	该合作社社员对合作社的管理、效益和制度等方面的满意程度(得分在 1—10 分之间,1 分为满意程度最低,10 分为满意程度最高)

表 2 是构建合作社绩效评价体系的各项指标数据特征。

表 2　评价指标数据特征

	最小值	最大值	均值	标准差
提供就业岗位数(人)	5	2044	166.02	169.60
贫困户成员数(人)	0	475	18.06	34.36
年总利润(万元)	−86.00	4037.00	174.49	332.44

续表

	最小值	最大值	均值	标准差
年经营收入(万元)	3.88	18163.60	1314.42	2438.17
按交易额向社员返还盈余比例(%)	0.00	100.00	61.55	24.99
社员对合作社的治理满意度(分)	1	10	8.66	1.81

(三)绩效测度

利用 SPSS19.0 统计分析软件,对安徽省 399 家示范社绩效进行测度。通过因子分析法获得合作社绩效公共因子。首先运用 SPSS19.0 软件得到标准化后的信度系数 Cronbach's α 值[①]为 0.481,说明样本数据通过信度检验。然后采用 KMO 和 Bartlett 球形检验法检验所选用的指标变量是否适合因子分析,结果显示 KMO 统计量为 0.533,满足大于 0.5 的要求,说明适合采用因子分析浓缩变量信息;Bartlett 球形检验值为 268.325,自由度为 15,P 值为 0.000,适用性检验同样通过。运用具有 Kaiser 标准化的旋转法得到旋转因子载荷矩阵,结果见表 3。三个公共因子的方差累计贡献率达到 68.321%,说明这三个因子具有较强代表性,包含原始变量大部分信息,可以较为全面地反映合作社绩效水平。

表 3   合作社绩效评价体系因子载荷矩阵

指标	社会绩效	经济绩效	治理绩效
提供就业岗位数	0.852	0.159	−0.030
贫困户成员数	0.885	−0.006	0.062
年总利润	0.084	0.853	0.036
年经营收入	0.059	0.855	0.073
按交易额向社员返还盈余比例	−0.073	0.117	0.667
社员对合作社的治理满意度	0.112	−0.030	0.779
累计方差贡献率	25.629%	50.601%	68.321%

注:提取方法为主成分分析法;旋转法为具有 Kaiser 标准化的正交旋转法;旋转在 4 次迭代后收敛。

---

①   Cronbach's α 大于 0.70 时为高信度;Cronbach's α 在 0.35 和 0.70 之间为中信度;Cronbach's α 小于 0.35 时为低信度(Gilford,1954)。

以测算得到的社会绩效因子、经济绩效因子、治理绩效因子得分为基础,进一步使用功效系数法对绩效得分进行处理,使合作社之间的绩效可相互比较。处理后的社会绩效、经济绩效、治理绩效分值分布在 50~100 之间,再根据综合绩效的计算公式,将处理后的社会绩效得分、经济绩效得分、治理绩效得分带入式中,得到最终的综合绩效得分 F′。根据曾皓、张征华(2017)的方法,将合作社按照综合绩效值进行分类,具体见表 4。

表 4 合作社综合绩效等级分布

绩效区间	F 值		绩效区间	F′值		绩效等级
	个数	占比		个数	占比	
[1.461,3.772]	9	2.26%	[70.000,79.617]	9	2.26%	较好
[-0.545,1.461]	356	89.22%	[60.000,70.000]	356	89.22%	一般
[-1.240,-0.545]	34	8.52%	[53.945,60.000]	34	8.52%	不合格
总计	399	100	总计	399	100	

从合作社综合绩效测度结果来看,绩效值最低为 53.945,最高为 79.617。其中,绩效值低于 60 的共 34 家(占比为 8.52%),绩效值在 60~70 之间的共 356 家(占比为 89.22%),绩效值高于 70 的共 9 家(占比为 2.26%)。从分类结果来看,超过 90% 的合作社综合绩效处于合格水平,说明现阶段合作社发展状况较好。示范社建设是政府规范合作社发展的重要手段,作为现代农业发展主力军、政府重点扶持对象,加快推动示范社建设是引导我国合作社健康有序发展的重要途径。但综合绩效水平突出的合作社数量非常少,占比只有 2.26%,这表明即使是在示范社中,优质合作社资源仍十分稀缺,当前我国示范社还未形成"以点带面"的示范效应和引领作用,仍需加强合作社建设力度。

从上述结果来看,当前合作社绩效水平确实存在一定程度提升,这是否与

---

① 功效系数法计算公式:$F'_{ij} = \dfrac{F_{ij} - F_{sj}}{F_{mj} - F_{sj}} * 50 + 50$ 其中 F_{mj} 为所在项最大值,F_{sj} 为所在项最小值,F_{ij} 为当前项数值。

政府对合作社等新型农业经营主体的大力扶持有关？如果后续的实证结果表明财政支持可以提升合作社绩效，则可以扩大财政扶持力度和范围，使当下部分绩效水平不高的合作社通过财政支持调整自身组织结构和制度管理进而改善绩效水平，充分发挥合作社带动农户增收、加快农业产业升级的潜力；如果实证结果显示在财政支持下合作社绩效没有改善空间，则政府需要考虑是否要将现有扶持资源转移到其他组织类型。

三、财政支持对合作社绩效影响的实证分析

（一）模型构建与变量说明

1.模型构建

主要研究财政支持对合作社绩效的影响。财政支持会对合作社综合绩效产生影响很容易理解，但需要注意的是，合作社能否获得财政支持与合作社自身综合绩效高低也有关系，通常综合绩效高的合作社才能引起政府关注，进而吸引政府资源投入，而综合绩效低的合作社往往会被忽视。也就是说，财政支持与合作社综合绩效之间可能存在反向因果关系，进而带来内生性问题。为了消除由内生性带来的选择性偏差，本文参考刘同山和徐雪高（2019）、陈贵梧和胡辉华（2018）、李长生和黄季焜（2020）等学者的做法，选择使用处理效应模型（即 TEM）解决内生性问题。

假设合作社综合绩效 Y_i 是相关变量 X_i 和财政支持变量 D_i 的线性函数，则合作社综合绩效方程可记做：

$$Y_i = X_i\alpha + D_i\gamma + \varepsilon_i \tag{1}$$

（1）式是结果方程。i 表示第 i 个合作社，Y_i 为被解释变量，是通过因子分析法测度的合作社综合绩效值；X_i 表示影响合作社综合绩效的相关变量；D_i 为合作社是否获得财政支持的处理变量；α 和 γ 表示待估计系数向量；ε_i 表示随机误差项。

由于现实中同一家合作社获得财政支持和未获得财政支持的预期效用无法同时观测，需要利用下列方程来考察财政支持行为：

$$D_i^* = T_i\beta + \mu_i, D_i = \begin{cases} 1, D_1^* > 0 \\ 0, D_1^* \leqslant 0 \end{cases} \tag{2}$$

(2)式是选择方程。D_i^* 是潜变量,若合作社获得财政支持,则 $D_i = 1$;若未获得财政支持,则 $D_i = 0$。T_i 是衡量合作社是否获得财政支持的相关变量[①],但 T_i 与 X_i 中至少有一个变量不一样;β 是待估计系数向量;μ_i 是随机误差项,用来表示影响合作社是否获得财政支持的其他因素。(2)式表明,若(D_i)为外生变量,则可以直接使用 OLS 模型对(1)式进行回归,得到财政支持对合作社综合绩效影响的无偏估计。但考虑到 D_i 是内生变量,可能会受其他相关因素的影响,所以此处不可直接使用 OLS 估计。此外,方程(1)的随机误差项(ε_i)与方程(2)的误差项(μ_i)包含的不可观测因素可能会同时对合作社综合绩效产生影响。若两个误差项存在相关性,即 $corr(\varepsilon_i, \mu_i) \neq 0$,则通过 OLS 模型估计合作社综合绩效方程所得到的系数是有偏的,因此本文选择使用处理效应模型尽可能纠正选择偏误。

2. 变量说明

(1)被解释变量。主要研究财政支持对合作社综合绩效的影响,故选用构建合作社绩效评价指标体系时采用因子分析法测度的合作社综合绩效值作为被解释变量。

(2)核心解释变量。选用合作社是否获得财政扶持资金代表财政支持情况。依据监测结果,将合作社分为获得财政支持与未获得财政支持两类,构建"反事实"分析框架,运用处理效应模型分析财政支持对合作社综合绩效是否产生影响。此外,为避免同期相关带来的内生偏差,选择使用 2017 年合作社的财政支持情况对 2018 年合作社综合绩效的影响,这在逻辑上也可以更好的捕捉财政支持对合作社综合绩效作用的滞后效应。

[①]　在处理效应模型中,控制变量的选取可以基于选择方程,也可以基于结果方程,故本文把影响合作社是否获得财政支持即选择方程的变量同时作为合作社综合绩效即结果方程的控制变量(刘同山,2017)。

（3）控制变量。合作社综合绩效受多种因素影响。根据对相关文献的梳理，同时受限于样本数据，将选取的控制变量分为三个部分，即产品特征、合作社特征和理事长特征。同时为了消除地区差异影响，将合作社所在区域分为皖南、皖中、皖北三类并纳入模型，以控制地区变量在相关方程中的影响。

产品特征。粮食类农产品和经济作物类、养殖类农产品的生产要求不同，后者对自然条件、技术水平、精细化管理、精深加工的要求更高，因而具有较高的商品率和经济价值，故合作社主营产品的种类可能会对合作社综合绩效产生影响。农产品品牌建设可以有效提升产品质量，扩大市场占有率，在一定程度上也会影响合作社综合绩效水平。故将合作社主要农产品类型和产品品牌度作为衡量产品特征的指标。

合作社特征。在买方市场中，企业实力越强，在市场竞争中越占据主导地位，能够获取更多资源，进而提升绩效水平。故将合作社固定资产规模、成立年限、合作社类型、是否注册商标以及注册资本作为衡量合作社实力特征的指标。

理事长特征。理事长胜任力对合作社成长与发展至关重要。作为一种特殊的人力资源，理事长个人能力越强、掌握的社会资源越多，越能促进合作社绩效水平的提升。因此将理事长持股比例、理事长受教育程度、理事长身份和理事长对市场行情的了解程度作为衡量理事长特征的指标。

（4）工具变量。由上述分析可知是否获得财政支持这一变量与合作社综合绩效之间存在内生性问题，可以通过选取工具变量来减少内生性带来的影响。农林水事务支出是政府增加农业投入、保护农业发展的有效手段，地区农林水事务支出的多少在一定程度上可以反映财政支持力度，但又不会对合作社综合绩效产生直接影响。因此，参考许庆等（2020）的做法，选取"2017年合作社所在县（区）农林水事务支出"作为财政支持的工具变量，并将合作社所在县（区）2017年农林水事务支出取对数。

为了检验工具变量的有效性，按照李长生和黄季焜（2020）、韩旭东等（2020）使用的方法，将工具变量和控制变量纳入模型，分别对合作社是否获得财政支持（选择方程）以及合作社综合绩效（结果方程）进行 Probit 回归和 OLS

回归。结果发现,用 Probit 模型估计选择方程时,工具变量对合作社是否获得财政支持在 1% 的统计水平上显著;采用 OLS 估计结果方程时,工具变量对合作社综合绩效在统计意义上没有显著影响(P 值大于 10%)。同时在 stata 15.0 软件中利用 ivreg2 命令进行回归,结果显示 Cragg-Donald Wald F 统计量为 13.858,且 Kleibergen-Paap rk Wald F 统计量为 20.620,大于经验值 10,说明所选工具变量不是弱工具变量。"2017 年合作社所在县(区)农林水事务支出"既通过显著性检验,又通过弱工具变量检验,由此证实该变量是一个有效的工具变量。

上述各变量的定义及描述性统计如表 5 所示。核心解释变量的均值为 0.431,说明超过 40% 的合作社获得财政支持。在产品特征方面,当前合作社主要农产品类型多为经济作物类和养殖类,产品品牌度均值为 0.679,表明当前多数合作社农产品未得到品牌认证。在合作社特征中,固定资产规模最大值与最小值差异较大,说明当前合作社发展存在不均衡的现象,这一点从注册资本中也能够得到体现。在理事长特征方面,理事长持股比例接近 45%,表明合作社股权集中度较高;理事长身份大多为非小农户,对市场行情的了解程度较高,说明理事长的个人特征对合作社发展具有一定影响。

表 5　变量说明及其描述性统计

变量类别	变量名称	变量定义	均值	标准差	最小值	最大值
被解释变量	合作社综合绩效	因子分析法测度的合作社综合绩效得分	63.769	3.089	53.945	79.617
	社会绩效	社会绩效得分	54.530	4.285	50	100
	经济绩效	经济绩效得分	57.471	4.182	50	100
	治理绩效	治理绩效得分	86.001	5.285	50	100
核心解释变量	是否获得财政支持	是=1;否=0	0.431	0.496	0	1

续表

变量类别	变量名称	变量定义	均值	标准差	最小值	最大值
产品特征	主要农产品类型	水稻、小麦等粮食作物类=1；果蔬等经济作物类=2；养殖类=3	2.080	0.686	1	3
	产品品牌度	是否获得"三品一标"认证和"中国驰名商标"认证，都没有=0，获得一个=1，获得两个=2	0.679	0.551	0	2
合作社特征	固定资产规模	2018年固定资产净值(万元)取对数	5.493	1.616	−2.303	10.135
	成立年限	截止至2018年	7.777	2.232	3	21
	合作社类型	原生型合作社("合作社+农户")=1，次生型合作社("公司+合作社+农户")=2	1.353	0.479	1	2
	是否注册商标	是=1，否=0	0.494	0.501	0	1
	合作社注册资本	合作社注册资本(万元)取对数	5.173	1.321	−0.693	8.261
理事长特征	理事长持股比例	理事长所持股份占合作社总股份的比例	44.177	29.998	2.3	100
	理事长受教育程度	小学及以下=1，初中=2，高中=3，大专及以上=4	2.080	0.992	1	4
	理事长身份	小农户=1，非小农户=2	1.802	0.399	1	2
	理事长对市场行情的了解程度	不太了解=1，一般了解=2，比较了解=3	2.672	0.476	1	3

续表

变量类别	变量名称	变量定义	均值	标准差	最小值	最大值
工具变量	2017年合作社所在县(区)农林水事务支出	合作社所在县(区)农林水事务支出(万元)取对数	10.722	0.920	4.852	12.125
区域变量	地区	皖南=1,皖中=2,皖北=3	2.075	0.817	1	3
	皖南	皖南地区赋值为1,反之为0	0.298	0.458	0	1
	皖中	皖中地区赋值为1,反之为0	0.328	0.470	0	1
	皖北	皖北地区赋值为1,反之为0	0.373	0.484	0	1

　　表6是按照获得财政支持和未获得财政支持将合作社分成两类,同时给出两类合作社各变量的均值比较。从表中可以看出,获得财政支持的合作社综合绩效显著高出未获得财政支持的合作社综合绩效。具体来看,获得财政支持的合作社社会绩效、经济绩效和治理绩效均高于未获得财政支持的合作社,但社会绩效和治理绩效的显著性较强,经济绩效不显著。从其他变量来看,获得财政支持的合作社在主要农产品类型、固定资产规模、合作社注册资本等方面显著高于未获得财政支持的合作社。但表6只是对这两类合作社相关变量的均值差异进行初步比较,随后给出的实证分析结果更具实际意义。

表6　获得与未获得财政支持的两类合作社各变量均值比较

	未获得财政支持（n=227）	获得财政支持（n=172）	均值之差
合作社综合绩效	63.209	64.508	1.299*** (0.306)
社会绩效	53.756	55.553	1.797*** (0.462)
经济绩效	57.319	57.672	0.353 (0.423)

续表

	未获得财政支持 （n＝227）	获得财政支持 （n＝172）	均值之差
治理绩效	85.177	87.088	1.911＊＊ (0.801)
主要农产品类型	2.010	2.141	0.131＊＊ (0.069)
产品品牌度	0.652	0.701	0.049 (0.056)
固定资产规模	5.327	5.711	0.384＊＊ (0.152)
成立年限	7.924	7.591	−0.333 (0.225)
合作社类型	1.361	1.353	−0.008 (0.048)
是否注册商标	0.461	0.533	0.072 (0.051)
合作社注册资本	5.085	5.289	0.204＊ (0.126)
理事长持股比例	43.943	44.485	0.542 (3.036)
理事长受教育程度	2.029	2.154	0.125 (0.100)
理事长身份	1.802	1.813	0.011 (0.040)
理事长对市场行情了解程度	2.633	2.700	0.067 (0.048)
区域	2.039	2.132	0.093 (0.083)
2017年合作社所在县（区）农林水事务支出	10.549	10.950	0.401＊＊＊ (0.085)

注：＊＊＊、＊＊、＊分别表示在 0.01、0.05、0.1 水平上显著;括号内数字为标准误。下同。

（二）实证结果分析

1. 回归方法选择

处理效应模型在进行实证分析时有两种处理方法——两步法和最大似然

估计法。两步法将估计过程分成两步,首先用 Probit 估计选择方程,再用 OLS 对处理变量和其他变量进行回归;最大似然估计法是同时估计所有模型参数。两步法的计算更方便,但由于估计过程分为两步,如果第一步中出现估计误差,被带入第二步估计中,会损失整个估计结果的有效性。最大似然估计方法虽然更耗时一些,但相较两步法的结果会更有效率。因此,采用最大似然估计法进行估计。

2. 模型回归结果

表 7 的第 3、4 列是利用 stata 15.0 软件对样本采用最大似然估计法估计选择方程和结果方程得到的回归结果,第 5 列是采用最小二乘法得到的估计结果。从最大似然估计的结果来看,检验方程独立性的卡方值为 6.65,P 值为 0.0099,拒绝了选择方程(财政支持)和结果方程(合作社综合绩效)相互独立的原假设。ε_i 和 μ_i 的相关系数在 1% 的统计水平上显著不为 0,说明合作社是否获得财政支持确实存在内生性问题,也说明选择 TEM 模型进行分析是合适的。在选择方程中,工具变量的系数为 0.346 且在 1% 的统计水平上显著,说明工具变量能够显著正向影响合作社能否获得财政支持。在结果方程中,在控制产品特征、合作社特征、理事长特征及区域等因素后,发现相较于未获得财政支持的合作社,获得财政支持的合作社综合绩效水平显著提升。从回归系数来看,相比未获得财政支持的合作社,获得财政支持的合作社综合绩效在 1% 的统计水平上显著提高 2.369。如果不考虑选择性偏差和内生性问题,直接进行 OLS 估计,财政支持对合作社综合绩效同样在 1% 的统计水平上显著,只是系数减小为 1.129。一方面 OLS 的结果印证了回归结果的稳健性,说明相比未获得财政支持的合作社,获得财政支持的合作社综合绩效确实会更高;另一方面说明样本选择导致的内生性可能使 OLS 模型低估财政支持对合作社综合绩效的促增效应,选择处理效应模型进行回归是合适的。

具体来看,首先,产品特征对合作社综合绩效的影响。主要农产品类型和产品品牌度对合作社综合绩效均产生正向显著影响。相比于粮食种植类合作社,经济作物类和养殖类合作社综合绩效更高,可能的原因是粮食作物利润空间小,经济价值相对较低,资源投入所带来的回报率也较低,而经济作物和养殖类农产品的产品溢价更高,更容易提升合作社综合绩效。此外,合作社农产品品牌度越高,绩效提升越明显。实行品牌化建设,一方面保障产品质量,通过向消费者提供高于市场平均水平的产品和服务,以此获得消费者认可和信任,有利于提高消费者购买意愿和忠诚度;另一方面产品品牌效应越强,销售价格提升越明显,越能提高经营收入。产品品牌度的提升,有利于扩大市场份额,增强市场竞争力,进而对合作社绩效产生影响。其次,合作社特征对合作社综合绩效的影响。合作社的固定资产规模和注册资本分别在1%和10%的统计水平上显著为正,说明合作社规模越大越可能提升合作社综合绩效,这可能是因为合作社固定资产越多、注册资本越高,越有利于资本的获取,带动农户能力也会越强,越能够提升合作社综合绩效。合作社类型的系数为正,说明相较于原生型合作社,次生型合作社的综合绩效会更高。合作社是由农户自愿联合形成的组织,农户的弱质性导致合作社存在资本形成不足、内部管理松散等问题,无法充分发挥合作社发展潜力。公司的加入除为合作社带来经营资本外,其成熟的管理体系和管理经验有助于提升合作社的治理意识和治理能力,进而影响合作社综合绩效水平。但结果并不显著,可能是因为在当前"公司+合作社+农户"模式中,公司处于强势主导地位,占据和获取大部分资源,进而导致对合作社绩效提升效果并不明显。再次,理事长特征对合作社综合绩效的影响。理事长持股比例与合作社绩效之间成负向关系且在5%的统计水平上显著,这与李翠霞、孙新瑶(2018)的实证结果一致——股权过于集中可能并不利于合作社绩效的提高。大多数合作社都是理事长出资或持股较多,虽然股权集中对理事长等管理人员有激励作用,可能会带来合作社效益的提升,但合作社产权长期集中在核心社员手中,必然会侵害到普通社员的利益,最终会导致合作社内部分裂。理事长身份、理事长受教育程度和理事长对市场行情了解程度的系数均为正,这说明理事长作为一种特殊的人力资源,作为合作社生产经营的带头人,其个人能力越高,越能影响合作社的成长与发展。

表7　财政支持对合作社综合绩效影响的回归结果

变量类别	变量名称	TEM		OLS
		选择方程（因变量:财政支持）	结果方程（因变量:合作社综合绩效）	
核心解释变量	是否获得财政支持	—	2.369*** (0.546)	1.129*** (0.320)
产品特征	主要农产品类型	-0.150 (0.099)	0.544** (0.230)	0.474** (0.234)
	产品品牌度	-0.158 (0.126)	0.479* (0.272)	0.405 (0.271)
合作社特征	固定资产规模	0.095** (0.043)	0.304*** (0.112)	0.339*** (0.110)
	成立年限	-0.022 (0.030)	-0.015 (0.065)	-0.029 (0.065)
	合作社类型	-0.097 (0.143)	0.289 (0.303)	0.256 (0.297)
	是否注册商标	0.142 (0.133)	0.325 (0.296)	0.407 (0.298)
	注册资本	0.049 (0.055)	0.224* (0.125)	0.249** (0.120)
理事长特征	理事长持股比例	-0.002 (0.002)	-0.012** (0.005)	-0.013** (0.005)
	理事长受教育程度	0.026 (0.068)	0.123 (0.156)	0.144 (0.154)
	理事长身份	0.043 (0.173)	0.021 (0.414)	0.023 (0.415)
	理事长对市场行情的了解程度	-0.191 (0.140)	0.236 (0.306)	0.154 (0.305)
区域特征	皖中	0.156 (0.182)	0.100 (0.377)	0.296 (0.373)
	皖北	-0.176 (0.188)	0.163 (0.374)	0.187 (0.372)

续表

变量类别	变量名称	TEM		OLS
		选择方程（因变量:财政支持）	结果方程（因变量:合作社综合绩效）	
工具变量	2017年合作社所在县(区)的农林水事务支出	0.346*** (0.087)	—	—
	常数项	-3.549*** (1.148)	57.551*** (1.750)	58.196*** (1.733)
	残差相关项 $ath(\rho_{\varepsilon\mu})$	—	0.275*** (0.107)	—
	残差协方差 $\ln(\sigma_{\varepsilon\mu})$	—	1.080*** (0.065)	—
	样本选择偏误的Wald检验值		6.65***	—
	样本数		399	

（三）拓展性分析

尽管综合性绩效是观测财政支持影响合作社发展的重要指标,但仅考虑合作社综合绩效并不全面。合作社是兼具企业属性和共同体属性的特殊组织,既需要实现标准化生产、统一购销、创收增利等生产经营性目标,也需要体现民主管理、互利平等的本质和原则,即合作社目标存在多维性,而这种多维性可能造成财政支持对合作社各维度绩效的扶持效果不同。前面的实证分析表明财政支持对合作社综合绩效具有显著提升作用,那么合作社的综合绩效提升是否是由社会绩效、经济绩效和治理绩效的共同增进带来的? 为研究财政支持对合作社多维绩效的影响,我们进一步分析财政支持分别对合作社社会绩效、经济绩效和治理绩效的影响。被解释变量分别为测度合作社绩效时所获得的社会绩效值、经济绩效值和治理绩效值;核心解释变量为合作社2017年是否获得财政支持;工具变量选用"2017年合作社所在县(区)的农林水事务支出"并进行弱工具变量检验;同时选择产品特征变量、合作社特征变量、理事长特征变量和区域特征变量作为控制变量。表8为回归结果。

表 8　财政支持对合作社社会、经济、治理绩效影响的回归结果

变量类别	变量名称	结果方程（TEM）		OLS
		社会绩效	经济绩效	治理绩效
核心解释变量	是否获得财政支持	2.409***	0.833	1.567**
		(0.609)	(0.588)	(0.796)
产品特征	主要农产品类型	−0.470	0.591**	1.779
		(0.304)	(0.302)	(0.690)
	产品品牌度	0.986**	0.018*	0.273*
		(0.329)	(0.303)	(0.795)
合作社特征	固定资产规模	0.037*	0.546***	0.537**
		(0.165)	(0.132)	(0.268)
	成立年限	0.021	0.198	−0.399
		(0.094)	(0.092)	(0.179)
	合作社类型	0.280	0.352	0.946
		(0.428)	(0.399)	(0.829)
	是否注册商标	0.649	0.338	2.862
		(0.447)	(0.383)	(0.816)
	注册资本	0.251*	0.288	0.154*
		(0.129)	(0.159)	(0.333)
理事长特征	理事长持股比例	−0.011**	−0.007*	−0.022*
		(0.008)	(0.006)	(0.015)
	理事长受教育程度	0.139	0.166	0.089*
		(0.259)	(0.191)	(0.404)
	理事长身份	0.587	0.219	0.625*
		(0.663)	(0.435)	(1.134)
	理事长对市场 行情了解程度	0.146	0.030	0.970
		(0.431)	(0.438)	(0.816)
区域特征	皖中	0.614	−0.593	0.796
		(0.481)	(0.564)	(1.017)
	皖北	0.386	−0.747	1.180
		(0.411)	(0.557)	(1.038)
	常数项	54.546***	49.690***	74.487***
		(2.802)	(1.913)	(4.680)
	残差相关性 $ath(\rho_{\varepsilon\mu})$	0.115***	0.092*	—
		(0.041)	(0.055)	
	残差协方差 $\ln(\sigma_{\varepsilon\mu})$	1.411***	1.384***	
		(0.189)	(0.160)	
	方程独立性 Wald 检验	7.77***	2.81*	
	样本数		399	

1. 对社会绩效的影响

采用处理效应模型估计财政支持对合作社社会绩效的影响,表 8 的回归结果显示财政支持能够显著提高合作社社会绩效。在结果方程中,相较于未获得财政支持的合作社,获得财政支持的合作社社会绩效平均显著提高 2.409,说明财政支持对于合作社提供就业岗位和带动贫困户就业有促进作用。这符合现实情况。合作社通过财政支持扩大生产经营规模,可以吸引更多农户参与到合作社生产过程中。此外,合作社"天然的益贫性"既是脱贫攻坚的中坚力量,也是市场经济条件下实现精准扶贫与农村贫困人口脱贫的理想载体。政府通过对合作社提供财政支持,强化社员与非社员之间生产成本与收入的比较,鼓励和引导农户积极参与合作社生产活动,同时充分发挥合作社的扶弱特性,既能带动当地普通农户和贫困户就业、提高收入水平,又可以提升贫困户个人能力,减少返贫现象出现,维护农村地区社会稳定。

2. 对经济绩效的影响

采用处理效应模型估计财政支持对合作社经济绩效的影响,表 8 的回归结果显示财政支持对合作社经济绩效的提升作用不明显。财政支持合作社的形式主要有两种,即政策支持和资金支持,本文以是否获得财政扶持资金来衡量财政支持情况。资源基础理论认为,资源的异质性是导致组织竞争力差异的主要原因,只有稀缺的、不可替代的资源才是组织形成竞争优势的关键要素。资金支持作为政府最常用的扶持方式之一,给合作社带来的直接经济效应可能并没有那么明显,无法直接提升合作社的绩效水平。只有当资金支持转化为技术、品牌、渠道等稀缺资源时,才能使合作社在市场竞争中脱颖而出。因此,当前财政资金应该多用于合作社的基础设施建设、品牌建设、技术培训等方面,使财政资金加速转化为稀缺资源,形成核心竞争优势,进而提升合作社的经济绩效。

3. 对治理绩效的影响

采用处理效应模型估计财政支持对合作社治理绩效的影响,发现选择方程和结果方程残差相关系数在 10% 统计水平上不显著,表明财政支持与合作社治理绩效之间不存在明显的内生性,故直接使用 OLS 模型进行回归。表 8 的回归结果显示财政支持对合作社治理绩效影响为 1.567 且在 5% 的统计水平上显著,即财政支持能够显著提高合作社治理绩效。为保护社员的合法权益,《合作社法》中明确规定合作社需要按交易量(额)向社员返还盈余,但现实中由于资金短缺、分配比例难以确定、合作社运行不规范等原因,仍有不少合作社并未按照法律规定实行这一制度。而财政资源的投入必然带来政府的监督和管理,政府会依据《合作社法》的相关规定,以合作社是否以农民为主导、是否服务农户、是否实行盈余返还制度等为标准规范合作社的发展,既能维护社员的利益,也能健全合作社自身的制度管理。因此,财政支持对于合作社建立盈余返还制度、提高社员满意度发挥了积极的引导作用。

(四)稳健性检验

为验证上述结果的稳健性,本节参考苏群等的研究,采用倾向得分匹配法(即 PSM)进行稳健性检验。基本思路是在评估财政支持对合作社多维绩效影响时,通过找到与获得财政支持的合作社样本(处理组)在各方面特征类似的未获得财政支持的合作社样本(控制组),以此降低样本选择偏差。

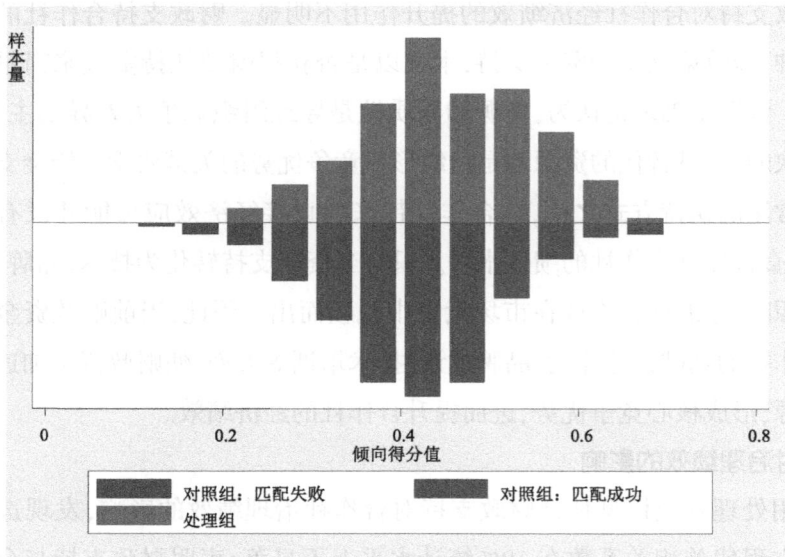

图 1　倾向得分的共同取值范围

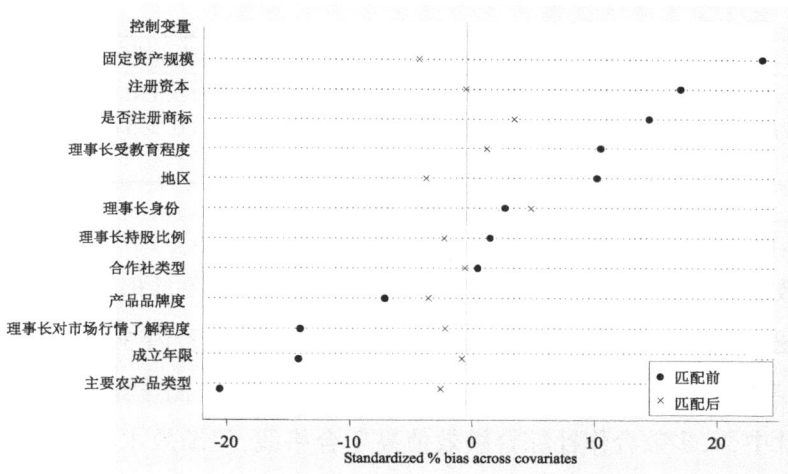

图2　匹配前后主要变量标准化偏差变化图

在进行 PSM 估计之前,需要先进行共同支撑检验与平衡性检验。共同支撑条形图(见图1,以核匹配为例)显示了倾向匹配得分的共同取值范围,由图可知,多数观测值在取值范围内,说明共同支撑域检验通过。同时,观察匹配前后控制变量的标准化偏差图(见图2,以核匹配为例)可以发现,相较于匹配前,大多数变量的标准化偏差在匹配后变小,说明平衡性检验也通过。

表9采用核匹配、局部线性回归匹配和样条匹配三种匹配法将处理组和控制组进行配对。从下列三种匹配方法的估计结果可以看出,财政支持对合作社综合绩效、社会绩效、治理绩效的平均处理效应(ATT)均显著为正,但对经济绩效的提升作用并不显著,与上文利用处理效应模型得到的结果一致。

表9　倾向得分匹配平均处理效应测算结果

匹配方法		综合绩效	社会绩效	经济绩效	治理绩效
核匹配	ATT	1.109***	1.812***	0.150	1.441*
	(标准误)	(0.319)	(0.464)	(0.454)	(0.850)
	T 值	3.48	3.91	0.33	1.70
局部线性回归匹配	ATT	1.033***	1.744***	0.190	1.587*
	(标准误)	(0.427)	(0.534)	(0.618)	(1.169)
	T 值	2.42	3.26	0.24	1.76

续表

匹配方法		综合绩效	社会绩效	经济绩效	治理绩效
样条匹配	ATT	1.021***	1.762***	0.150	1.511*
	（标准误）	(0.345)	(0.453)	(0.563)	(0.876)
	T值	—	—	—	—

四、结论与启示

财政支持能否促进合作社绩效的提升？这是一个兼具理论和现实意义的重要问题。本文利用安徽省合作经济指导处 2019 年对省内 399 家示范社的监测数据，考察财政支持对合作社绩效的影响效应。绩效测度结果表明，在安徽省示范社中，大多数合作社综合绩效值高于合格线，但绩效水平突出的合作社数量非常少，表明优质的合作社资源仍十分稀缺。从实证结果来看，在控制其他变量不变的前提下，获得财政支持的合作社相比未获得财政支持的合作社绩效更高。进一步的研究发现，财政支持对合作社各维度绩效的影响程度不同：财政支持对合作社社会绩效和治理绩效具有显著正向影响，对合作社经济绩效虽然有促进作用但并不显著。

基于上文分析得到的相关结论，本文提出以下几个方面的政策建议。首先，深入推进示范社建设。第一，强化示范社自身发展水平，增强其发展活力和带动能力。第二，各级政府应进一步更新和完善现行的示范社评定标准，细化示范社建设内容和方案。第三，加大对示范社监测力度，及时淘汰不合格的示范社。第四，扶持一批示范社典型，充分发挥示范社引领和带动作用。总结推广优秀合作社的发展模式和有用经验，加强宣传和推广力度，树立示范社典型。其次，提高财政支持力度。完善农业基础设施建设，改善农业生产条件，鼓励合作社申报农业建设项目，对合作社投资兴建的生产设施进行补贴，加强资源整合，为合作社降本减负；加强金融服务保障，引导金融资本参与到合作社建设过程中，推进农业保险的实施，促进合作社高质量发展；加强合作社的品牌培育与宣传，树立品牌形象，提高品牌效应，为合作社发展创造良好的政策环境。再次，坚持合作社规范发展。健全组织机构，明确社员（代表）大会、理事会及监事会等各机构职责;完善章程制度,制定符合本社发展特点和要求的章程;实行民主管理,落实社员的表决权;严格按照规定实行盈余分配和返还制度;健全财务、会计制度,按时向社员公布财务状况;统一经营服务,向社员提供农业生产资料、技术咨询和培训等服务。最后,完善利益联结机制。除合作社外,家庭农场、龙头企业等新型农业经营主体在农业现代化建设过程中同样发挥着重要作用。探索多主体合作新方式,利用"家庭农场+合作社+农户""龙头企业+合作社+农户"等模式,推动农村三产融合,将农户纳入共同发展体系中。通过土地流转、务工、入股等方式鼓励农户入社,提高农户参与度,进而带动农户就业增收,形成良性的利益联结机制。

参考文献:

[1]范鹏.中国农村市场化进程中的农民合作组织研究[J].中国社会学,2001(06):63-73,205-206.

[2]董晓波.政府支持与农民专业合作社经营绩效关系的实证研究——基于高管团队集体创新的中介作用[J].统计教育,2010(06):33-37.

[3]储德银,经庭如.政府在农民合作经济组织发展中的行为定位与制度创新[J].四川大学学报(哲学社会科学版),2009(05):64-68.

[4]Pestoff V. Towards a Paradigm of Democratic Participation:Citizen Participation and Co-production of Personal Social Services in Sweden[J]. Annals of Public and Cooperative Economics,2009,(80):1197-1224.

[5]徐旭初、吴彬.治理机制对农民专业合作社绩效的影响——基于浙江省526家农民专业合作社的实证分析[J].中国农村经济,2010(05):43-55.

[6]任大鹏、郭海霞.多主体干预下的合作社发展态势[J].农村经营管理,2009(03):22-24.

[7]林星,吴春梅.政府支持对农民合作社规范化的影响[J].学习与实践,2018(11):114-121.

[8]苏群,李美玲,常雪.财政支持对农民专业合作社绩效的影响——以种

植业合作社为例[J].湖南农业大学学报(社会科学版),2019,20(01):42-48.

[9]缪恩科勒.合作社法律原理十讲[M].成都:西南财经大学出版社,1991:4-12.

[10]徐旭初.农民合作社发展中政府行为逻辑:基于赋权理论视角的讨论[J].农业经济问题,2014,35(01):19-29,110.

[11]郭红东,蒋文华.影响农户参与专业合作经济组织行为的因素分析——基于对浙江省农户的实证研究[J].中国农村经济,2004(05):10-16,30.

[12]Mwaura F. Effect of Farmer Group Membership on Agricultural Technology Adoption and Crop Productivity in Uganda[J]. African Crop Science Journal, 2014,22:917-927.

[13]赵然芬,侯金如.农业合作社的财政扶持路径分析[J].农业经济,2014(04):29-31.

[14]黄胜忠,刘洋洋.促进农民专业合作社发展的财政支持政策[J].农村经济,2013(12):64-68.

[15]周再清,邱浩宇.农民专业合作社发展中的财政支持问题探究[J].湖南商学院学报,2015,22(02):45-49.

[16]熊彩云.改革开放以来国内关于政府扶持农民合作社发展的研究综述[J].社会科学动态,2020(10):67-72.

[17]李冬梅.新型农民专业合作社财政支持政策构想[J].中国合作经济,2020(05):47-50.

[18]赵佳荣.农民专业合作社"三重绩效"评价模式研究[J].农业技术经济,2010(02):119-127.

[19]徐旭初.农民专业合作社绩效评价体系及其验证[J].农业技术经济,2009(04):11-19.

[20]浙江省农业厅课题组.农民专业合作社绩效评价体系初探[J].农村经营管理,2008(10):31-35.

[21]杨丹,唐羽.合谋视角下的农民合作社绩效与评级[J].农业技术经济,2019(03):75-86.

[22]2018年度国家农民合作社示范社发展指数研究报告(简明版)[J].中国农民合作社,2020(07):6-10.

[23]Gilford J P. Psychometric Methods[M]. New York:McGraw Hill,1954.

[24]曾皓,张征华.农民合作社股权集中度越高越好吗?——基于现实与法理的考量[J].商业研究,2017(02):185-192.

[25]刘同山,徐雪高.政府补贴对家庭农场经营绩效的影响及其作用机理[J].改革,2019(09):128-137.

[26]陈贵梧,胡辉华.加入行业协会的民营企业慈善捐赠更多吗?——基于全国民营企业调查数据的实证研究[J].财经研究,2018,44(01):33-46.

[27]李长生,黄季焜.异质性信贷约束对农民创业绩效的影响[J].财贸经济,2020,41(03):146-161.

[28]刘同山.农户承包地退出意愿影响粮食产量吗?——基于处理效应模型的计量分析[J].中国农村经济,2017(01):68-81,95-96.

[29]万俊毅,曾丽军.合作社类型、治理机制与经营绩效[J].中国农村经济,2020(02):30-45.

[30]黄胜忠,张海洋.农民专业合作社理事长胜任特征及其绩效的实证分析[J].经济与管理,2014,28(05):68-73.

[31]张养珍.我国农林水事务支出存在的问题和对策分析[J].黑龙江对外经贸,2011(07):99-100.

[32]许庆,陆钰凤,张恒春.农业支持保护补贴促进规模农户种粮了吗?——基于全国农村固定观察点调查数据的分析[J].中国农村经济,2020(04):15-33.

[33]韩旭东,李德阳,王若男,等.盈余分配制度对合作社经营绩效影响的实证分析:基于新制度经济学视角[J].中国农村经济,2020(04):56-77.

[34]陈强.高级计量经济学及Stata应用(第二版)[M].北京:高等教育出

版社,2014:570-572.

[35]李翠霞,孙新瑶.制度安排对畜牧业专业合作社绩效的影响——以黑龙江省152家合作社为例[J].农业经济与管理,2018(02):57-68.

[36]崔宝玉,简鹏,刘丽珍.农民专业合作社绩效决定与"悖论"——基于AHP-QR的实证研究[J].农业技术经济,2017(01):109-123.

[37]罗干.决胜攻坚阶段农民合作社精准扶贫的困境和出路[J].农业经济问题,2020(11):55-64.

[38]王任,陶冶,冯开文.贫困农户参与农民专业合作社减贫增收的机制[J].中国农业大学学报,2020,25(10):216-224.

[39]徐一宁.政府支持对农民专业合作社发展的影响研究——基于组织异化视角[D].浙江:浙江大学,2019.

[40]李述超.农民合作社成员盈余返还探析[J].中国农民合作社,2015(08):34-35.

[41]Rosenbaum P. R., Rubin D. B.. The Central Role of the Propensity Scores in Observational Studies for Causal Effects[J],Biometrika,1983,70(1):41-55.

专栏二

新农人与农业劳动力转移

乡村振兴背景下新农人融资渠道选择影响因素研究

——以浙江省为例①

吴连翠　孙奇烽　吴训照

摘　　要:随着乡村振兴战略的深入实施,一大批有情怀、有理想、有闯劲的新农人应运而生,但其在成长过程中依然面临融资难、融资贵、风险高等突出难题。而以互联网金融为代表的新型融资渠道为新农人筹集资金提供了新选择。基于2020年浙江省新农人的实地调查数据,采用 mlogit 模型分析其融资渠道选择的影响因素。研究发现:第一,以家庭农场和农业企业为组织载体的新农人主要选择传统的"银行或信用社借贷"融资,而以合作社为组织载体的新农人主要选择"新型金融组织借贷"融资;第二,风险偏好、社会资本和互联网使用状况显著正向影响新农人选择"新型金融组织借贷"融资,而年龄、受教育程度、对当地未来经济发展预期显著正向影响其选择传统的"民间借贷"和"银行或信用社借贷"融资。据此,从加大新农人社会资本培育力度、健全农村互联网金融服务体系、创新农村金融产品和服务模式等方面提出了破解新农人融资困境的对策建议。

关键词:乡村振兴;新农人;融资渠道;影响因素;互联网

---

①　基金项目:国家社会科学基金项目"基于利益共享视角的新农人与小农户利益联结机制研究"(20BGL178)。吴连翠,浙江农林大学经济管理学院副教授,硕士生导师,主要研究方向为农业经济理论与政策;孙奇烽,浙江农林大学经济管理学院硕士研究生,主要研究方向为农业经济理论与政策;吴训照,大学本科,研究方向为农村金融。

一、引言

近年来,随着乡村振兴战略的深入实施,一大批有情怀、有理想、有闯劲的新农人应运而生。他们凭借较高的文化素养和现代化的农业经营管理能力,率先将电子商务、大数据、自媒体等现代网络技术手段应用于农业创业,有效推动了农业产业的转型升级和快速发展。而在农村金融领域,伴随着互联网等现代信息技术的逐步渗透、融合,P2P网络借贷、农业众筹等新型融资渠道逐渐进入人们视野,并以其在金融资源配置效率、融资成本和融资风险控制等方面较传统渠道的显著优势,为"亲互联网"的新农人提供了融资的新选择。但由于经营规模大、成本投入高,新农人在农业生产经营中不得不面临较普通农户更突出的融资难、融资贵、风险高等问题,农村金融服务体系不健全所导致的融资渠道不畅、贷款手续复杂、信贷担保体系不完善等问题也在一定程度上制约其健康发展。基于以上背景,在"互联网+农业"快速发展的当下,新农人的融资渠道选择有何特点?其融资渠道选择主要受哪些因素影响?本文试图回答这一问题。

从现有文献来看,学者们主要从农户层面实证分析探讨其融资渠道选择的影响因素。其中,马晓青等(2012)、曹瓅和罗剑朝(2019)考察了农户的性别、年龄、受教育程度、社会资本等个体特征因素对其融资渠道选择的影响,发现男性、年龄较小、受教育程度较高、社会资本较广的农户更倾向于选择银行借贷等正规融资渠道。罗振军和兰庆高(2016)、米运生等(2018)从家庭经营特征视角分析指出,农户的家庭收支情况、农地流转情况、土地经营规模等会显著影响其正规和非正规融资渠道选择。Mushinski(1999)、马永强(2011)探讨了融资成本特征对农户融资渠道选择的影响,认为信贷约束、利息成本、融资风险等融资成本因素是农户进行融资渠道选择决策的重要依据。此外,也有学者基于实地调研数据分析,发现农户对当地未来经济发展预期、银行业结构变迁和地区虚拟变量等外部环境特征因素也会在一定程度上影响农户的融资渠道选择。

综上所述,学者们运用不同方法、从不同角度对农户融资渠道选择进行的大量研究,为本文探讨新农人融资渠道选择的影响因素提供了很好的借鉴,但仍存在进一步的拓展空间:一方面,学者们主要从农户层面实证分析其融资渠道选择的影响因素,而专门针对新农人群体的定量研究并不多见;另一方面,现有研究大多将融资渠道分为正规和非正规渠道两类进行考察,而对"亲互联网"的新农人群体而言,互联网融资等新型融资渠道也是其重要的融资选择渠道。鉴于此,本文以作为全国乡村振兴重要窗口的浙江省为例,利用2020年新农人微观调查数据,聚焦新农人对互联网融资等新型融资渠道的选择行为,并进一步分析其主要的影响因素,以期为现有"新农人融资"等相关研究提供补充。

二、理论分析与研究假说

传统经济学在研究人的行为时大多基于"理性经济人"假设,即认为决策者参与经济活动都是理性的,总是以实现自身利益最大化为目标。但对新农人而言,其在农业生产经营过程中通常兼具"道义小农"和"理性经济人"的双重身份:在市场环境稳定、信息完全对称的理想环境下,新农人通常以成本投入最小化和收益最大化为主要经营目标,追求在既有生产条件下最优的投入与产出组合点;而在筹集资金过程中,由于市场环境不确定、信息掌握不完全,新农人通常难以完全理性地做出融资渠道选择决策,仅能根据自身实际情况和面临的外部限制条件,从多种备选方案中选择能为其带来较大效用的融资渠道。鉴于此,本文参考农户融资渠道选择相关文献,并综合考虑新农人融资的特殊性,将新农人融资渠道选择的影响因素归纳为个体特征、社会资本状况、互联网使用状况、经营状况、交易成本状况和所在地区特征等6个方面,并构建了图1所示的分析框架。

(一)个体特征

一般而言,性别、年龄、受教育程度、风险偏好等个体特征因素能充分反映新农人的能力素质和行为偏好,以此影响其融资渠道选择。其中,男性、风险偏好程度较高的新农人冒险意识较强,贷款积极性较高,更倾向于选择"银行或信用社借贷""新型金融组织借贷"等现代融资渠道;年龄较小、受教育程度较高的新农人拥有丰富的现代农业经营管理知识储备和较深的现代融资渠道了解程度,从而更倾向于选择"银行或信用社借贷""新型金融组织借贷"等现代融资渠道。

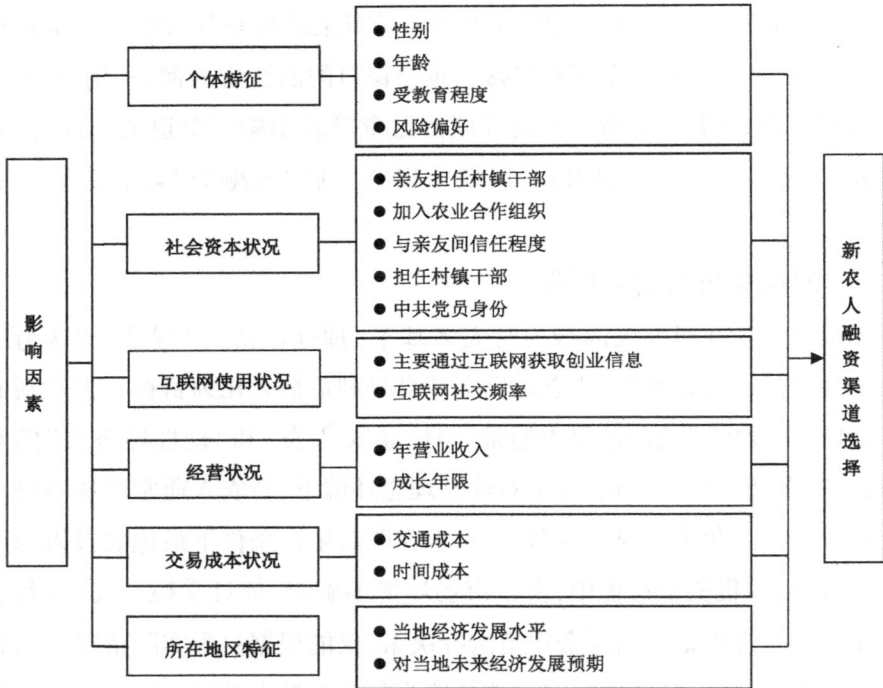

图 1 新农人融资渠道选择影响因素分析框架

(二)社会资市状况

一般而言,社会资本能充当新农人融资的抵押品,或作为金融机构了解其融资能力的信号,以此影响其融资渠道选择。其中,有亲友担任村镇干部、有加入农业合作组织、与亲友间信任程度较高的新农人,能凭借丰富的社会网络资源和较高的社会信任程度,有效降低其与银行等金融机构的信息不对称程度,从而更倾向于选择"银行或信用社借贷""新型金融组织借贷"等现代融资渠道;而有担任村镇干部、有中共党员身份的新农人,能以较高的社会影响力和相对稳定的收入来源赢得银行等金融机构的信赖,从而更倾向于选择"银行或信用社借贷""新型金融组织借贷"等现代融资渠道。

（三）互联网使用状况

一般而言,互联网在农村地区的广泛普及能有效降低新农人与金融机构的信息不对称性,从而提升其现代金融市场参与度,使其更倾向于选择"银行或信用社借贷"和"新型金融组织借贷"渠道。具体来说,一方面,互联网使用能帮助新农人以较低的搜寻成本获取全面准确的融资信息,从而更精准地识别现代金融市场的融资机会;另一方面,频繁的互联网社交能帮助新农人提升自身的社会网络规模和强度,使其更易赢得银行等现代金融机构的信赖。

（四）经营状况

一般而言,新农人年营业收入越高,农业生产经营的现金流越稳定,越能凭借较好的偿债能力和信用条件得到银行、信用社等正规金融机构的信贷支持,从而更倾向于选择"银行或信用社借贷"渠道;而成长年限越长,新农人积累的农业生产资本越多,越能依靠个人储蓄解决农业生产经营的资金需求,从而更倾向于选择"自有资金"渠道。

（五）交易成市状况

新农人筹集农业生产经营资金会面临交通成本、时间成本等多方面的交易成本,并以此作为融资渠道选择的重要依据。一般而言,交易成本越高,以自身效用最大化为目标的新农人为了减轻借贷负担,会在综合考虑基础上更倾向于选择融资相对方便、灵活的"自有资金""民间借贷"等传统融资渠道。

（六）所在地区特征

一般而言,新农人所在地区经济发展水平越高,农村富余资金越多,其农业生产经营资金需求越容易通过"自有资金""民间借贷"等传统融资渠道得到满足,从而更倾向于该类融资渠道;而新农人对当地未来经济发展预期越好,越不需要担心未来的不确定性风险,从而更倾向于通过"银行或信用社借贷""新型金融组织借贷"等现代融资渠道筹集农业生产资金。

基于上述分析,本文提出以下研究假说:新农人的个体特征(性别、年龄、受教育程度和风险偏好)、社会资本状况(亲友担任村镇干部、加入农业合作组织、与亲友间信任程度、担任村镇干部、中共党员身份)、互联网使用状况(主要通过互联网获取创业信息、互联网社交频率)、经营状况(年营业收入、成长年限)、交易成本状况(交通成本、时间成本)和所在地区特征(当地经济发展水平、对当地未来经济发展预期)会影响其农业生产经营的融资渠道选择。

三、数据来源、描述性统计与模型选择

(一)数据来源

本文所用数据来源于 2020 年 6 月至 8 月对浙江省新农人①的实地问卷调查。为了确保样本代表性,课题组选取了浙江省除舟山市外 10 个地级市,共计 49 个经济发展水平不同但新农人创业较为活跃的县(市、区)作为调研区域,并根据当地新农人联合会、农创客发展联合会等组织机构提供的新农人名录,随机选取了家庭农场、农业合作社、农业企业等不同创业组织类型的新农人共计 140 人作为样本,对其基本群体特征、创业经营状况、融资状况和其他特征等进行一对一访谈。在剔除部分关键信息缺失的问卷后,本次调查最终获得有效新农人问卷 123 份,有效问卷率 87.86%。

(二)描述性分析

1. 新农人基本群体特征分析

浙江省新农人基本群体特征如表 1 所示。其中,从个体特征来看,样本新农人平均年龄 37.89 周岁,且 68.29% 为男性,70.73% 为大专及以上学历,57.72% 为风险规避型,说明新农人以青年男性为主,其较高的受教育程度和较强的风险规避意识为农业创业成功奠定了坚实基础;从社会资本状况来看,样本新农人中仅有 35.77% 担任村镇干部,39.02% 为共产党员,而 62.60% 没有村镇干部亲友,44.72% 没有加入农业合作组织,34.96% 与亲友信任程度"一般"或

---

① 本次调查的"新农人"具备以下三个特征:一是身份构成上包括非农行业跨界转行的农业创业群体、毕业后直接投身农业创业的高(中)等院校学生以及农村种养能人、返乡创业农民工等农村自生群体;二是创业形式上包括注册成立公司(企业)、带头领办农民专业合作社以及创办规模化种植或养殖的家庭农场,且从事农业创业经营 1 年以上;三是农业创业经营过程中有 1 次及以上的涉农贷款经历。

表1 浙江省新农人基本群体特征

基本群体特征	选项	频数/人	频率/%	基本群体特征	选项	频数/人	频率/%
性别	男	84	68.29	互联网社交频率	从不	16	13.01
	女	39	31.71		一年数次	9	7.32
年龄	30周岁以下	23	18.70		一月数次	11	8.94
	30~39周岁	46	37.40		一周数次	13	10.57
	40~49周岁	46	37.40		每天	74	60.16
	50周岁及以上	8	6.50	年营业收入	30万元以下	50	40.65
受教育程度	初中及以下	11	8.94		30万~50万元	17	13.82
	高中或中专	25	20.33		50万~150万元	27	21.95
	大专	68	55.28		150万元及以上	29	23.58
	本科及以上	19	15.45	成长年限	5年以下	32	26.02
风险偏好	风险偏好型	34	27.65		5~10年	49	39.84
	风险中立型	18	14.63		10~15年	24	19.51
	风险规避型	71	57.72		15年及以上	18	14.63
亲友担任村镇干部	是	46	37.40	交通成本	3公里以内	20	16.26
	否	77	62.60		3~10公里	64	52.03
加入农业合作组织	是	68	55.28		10公里以上	39	31.71
	否	55	44.72	时间成本	2天以下	11	8.94
与亲友间信任程度	不信任	15	12.20		2~7天	55	44.72
	一般	28	22.76		7~15天	32	26.02
	比较信任	50	35.77		15天及以上	25	20.32
	非常信任	30	64.23	当地经济发展水平	很低	15	12.19
担任村镇干部	是	44	39.02		中等	66	53.66
	否	79	60.98		比较高	33	26.83
中共党员身份	是	48	46.32		很高	9	7.32
	否	75	53.66	对当地未来经济发展预期	不看好	10	8.13
主要通过互联网获取创业信息	是	57			波动不大	46	37.40
	否	66			前景较好	67	54.47

注:"风险偏好"根据问卷中"新农人对5种获奖方案的选择情况"确定,定义"有50%机会获得5万元奖金"和"立刻拿到1万元奖金"为"风险规避型","有25%机会获得10万元奖金"为"风险中立型","有5%机会获得100万元奖金"和"有10%机会获得20万元奖金"为"风险偏好型"。

"不信任",说明新农人社会网络关系、社会信任程度和社会影响力普遍不高,不利于获取农业创业支持;从互联网使用状况来看,样本新农人中46.34%主要通过互联网获取创业信息,60.16%互联网社交频率为"每天",说明新农人具有明显的"亲互联网"特征,能充分利用互联网获取创业信息和积累人脉关系;从经营状况来看,样本新农人中40.65%年营业收入30万元以下,65.86%成长年限10年以下,说明当前新农人投身农业时间尚短,年营业收入较少,农业生产经营资金和经验积累有限;从交易成本状况来看,样本新农人中52.03%距最近贷款人或机构3—10公里,44.72%从提出申请到获得贷款需2—7天,说明新农人筹集农业生产经营资金仍面临较高的交通和时间成本;而从所在地区特征来看,样本新农人中34.15%所在地经济发展水平较高,54.47%认为当地未来经济发展前景较好,说明新农人所在地经济环境良好,从而大大提高了其农业创业经营的积极性。

2. 新农人融资渠道选择状况分析

浙江省新农人融资渠道选择状况统计结果如表2所示。从中可以看到,不同创业组织类型的新农人融资渠道选择存在一定差异。其中,以家庭农场和农业企业为组织载体的新农人选择"银行或信用社借贷"人数最多,分别占41.82%和45.16%,可能是因为银行或信用社在农村地区分布最为普遍,且具有正规化程度较高、融资风险较小等显著优点,是多数新农人筹集农业生产经营所需资金的主要渠道;而以农业合作社为组织载体的新农人选择"新型金融组织借贷"人数最多,占比为32.43%,可能是因为这类新农人农业生产经营资金需求较大,资金使用灵活度较高,而"新型金融组织借贷"作为外源性融资渠道中交易成本最低、最方便灵活的筹资方式,更易得到此类新农人的青睐。

表 2　不同创业组织类型新农人融资渠道选择状况

创业组织类型	样本量/人	自有资金/%	民间借贷/%	银行或信用社借贷/%	新型金融组织借贷/%
家庭农场	55	20.00	23.64	41.82	14.54
农业合作社	37	27.03	13.51	27.03	32.43
农业企业	31	16.13	19.35	45.16	19.35

（三）模型选择

相关研究表明,新农人筹集生产资金的渠道主要包括"自有资金""民间借贷""银行或信用社借贷""新型金融组织借贷"四种类型。其中,"自有资金"是指新农人通过组织内部融资或依托家庭非农收入筹集生产资金的融资渠道,"民间借贷"是指新农人通过亲戚朋友、个人放贷者和其他民间金融组织筹集生产资金的融资渠道,"银行或信用社借贷"是指新农人通过中国农业银行、中国邮政储蓄银行、中国农村信用合作社等正规金融机构筹集生产资金的融资渠道,"新型金融组织借贷"是指新农人通过村镇银行、小额贷款公司、农村资金互助社、互联网借贷平台等新型农村金融机构筹集生产资金的融资渠道。

借鉴陈鹏和刘锡良（2011）、杨燕和翟印礼（2016）等学者的研究,由于新农人融资面临的四种渠道相互独立且不存在逻辑上的次序关系,本文通过构建 mlogit 模型实证分析影响其融资渠道选择的主要因素。① 模型设定过程如下：

由于新农人会综合考虑自身基本特征、创业经营特征和所处社会环境状况等因素,并以自身效用最大化为原则做出最优的融资渠道选择决策,则第 i 个新农人选择第 j 种融资渠道获得的效用水平 U_{ij} 可以表示为：

$$U_{ij} = \alpha + \beta X_{ij} + \square_{ij} \qquad i = 1, 2, \cdots, n; j = 1, 2, 3, 4 \qquad (1)$$

其中, X_{ij} 表示影响第 i 个新农人选择第 j 种融资渠道的主要因素, $\square_{ij}$ 为随机

---

① 一般情况下,新农人不会仅通过单一渠道筹集农业生产资金。本文为了简化分析,在问卷调查中请他们对所选融资渠道按主要到次要排序,并以"新农人最主要选择的融资渠道类型"为因变量进行实证分析。这一变量满足各选项间相互独立且不存在逻辑上次序关系的条件,可以适用 mlogit 模型。

误差项。

由于新农人对不同融资渠道的选择相互独立,即随机误差项ε_{ij}相互独立并服从同分布,如果第 i 个新农人选择第 j 种融资渠道,则意味着该种融资渠道能为其带来的效用水平相对于其他渠道是最大的。那么,新农人融资时选择第 j 种渠道的概率公式,即 mlogit 模型的概率计算公式可以表示为:

$$P(Y_i=j)=P(U_{ij}>U_{ik}, \forall k=j, k=1,2,3,4)=\frac{\exp(\alpha+\beta X_{ij})}{\sum_{j=1}^{4}\exp(\alpha+\beta X_{ij})} \quad (2)$$

在此基础上,以"自有资金"渠道为基准组,分别用每一融资渠道分类与基准组进行比较,可以得到如下新农人融资渠道选择影响因素的 mlogit 模型:

$$\ln\left[\frac{P(Y_i=j)}{P(Y_i=1)}\right]=\alpha+\beta X_{ij}+\varepsilon_{ij} \quad (3)$$

其中,Y_i 为因变量"第 i 个新农人的融资渠道选择状况",用调查问卷中"近三年生产经营资金筹措的最主要融资渠道"衡量;j 为因变量取值($j=1$ 表示"自有资金",$j=2$ 表示"民间借贷",$j=3$ 表示"银行或信用社借贷",$j=4$ 表示"新型金融组织借贷");X_{ij} 为自变量,包括新农人的个体特征、社会资本状况、互联网使用状况、经营状况、交易成本状况和所在地区特征 6 类;α 和 β 为待估参数;ε_{ij} 为随机误差项,包括所有未被包括到模型中但会影响新农人融资渠道选择的因素。模型采用极大似然法进行估计。相关变量的定义、赋值及描述性统计如表 3 所示。

表3 变量定义、赋值及描述性统计

变量分类	变量名称	定义及赋值情况	均值	标准差
因变量	融资渠道选择	近三年生产经营资金筹措的最主要融资渠道：自有资金=1;民间借贷=2;银行或信用社借贷=3;新型金融组织借贷=4	2.59	1.05
个体特征	性别	男=1;女=0	0.68	0.47
	年龄	30周岁以下=1;30~39周岁=2;40~49周岁=3;50周岁及以上=4	2.32	0.85
	受教育程度	初中及以下=1;高中或中专=2;大专=3;本科及以上=4	2.77	0.82
	风险偏好	风险规避型=1;风险中立型=2;风险偏好型=3	1.70	0.88
社会资本状况	亲友担任村镇干部	是=1;否=0	0.37	0.49
	加入农业合作组织	是=1;否=0	0.55	0.50
	与亲友间信任程度	不信任=1;一般=2;比较信任=3;非常信任=4	2.77	0.96
	担任村镇干部	是=1;否=0	0.36	0.48
	中共党员身份	是=1;否=0	0.39	0.49
互联网使用状况	主要通过互联网获取创业信息	是=1;否=0	0.46	0.50
	互联网社交频率	从不=1;一年数次=2;一月数次=3;一周数次=4;每天=5	3.98	1.47
经营状况	年营业收入	2019年经营收入(万元)的对数值	3.88	1.38
	成长年限	5年以下=1;5~10年=2;10~15年=3;15年及以上=4	2.23	1.00
交易成本状况	交通成本	家与最近贷款人或机构距离：3公里以内=1;3~10公里=2;10公里及以上=3	2.15	0.68
	时间成本	提出申请到获得贷款时间：2天以下=1;2~7天=2;7~15天=3;15天及以上=4	2.58	0.91
所在地区特征	当地经济发展水平	很低=1;中游=2;比较高=3;很高=4	2.29	0.78
	对当地未来经济发展预期	不看好=1;波动不大=2;前景较好=3	2.46	0.64

四、结果与分析

（一）模型估计结果分析

根据问卷调查获得的 123 个浙江省新农人样本数据,采用 Stata 15.0 统计软件,并以"自有资金"为基准组,对新农人融资渠道选择影响因素的 mlogit 模型进行估计。在回归估计前,参考 Hausman 和 McFadden(1984)的研究,采用 Hausman-McFadden 检验考察 mlogit 模型是否满足相关选项的独立性条件(IIA 假设),发现不能拒绝原假设,说明因变量"新农人融资渠道选择"各选项间相互独立,可以采用 mlogit 模型进行回归。表 4 是 mlogit 模型的回归估计结果。其中,*Wald chi*2 值为 120.35,*P* 值为 0.0000,表明模型整体显著性较强;而 *Pseudo R*^{2} 值达到 0.3908,表明模型的拟合程度较好。

以下是对 mlogit 模型回归估计结果的解释:

个体特征变量中,年龄、受教育程度和风险偏好对新农人融资渠道选择有显著影响,与前文理论预期一致。其中,"年龄"在 1%水平上显著正向影响新农人选择"民间借贷"渠道,原因是新农人年龄越大,社会阅历越广,在社会交往圈层中越容易获得较高地位,从而更倾向于民间借贷渠道;"受教育程度"均在 1%水平上显著正向影响新农人选择"民间借贷"和"银行或信用社借贷"渠道,原因是受教育程度越高,新农人对各类现代融资渠道越了解,从而更倾向于银行或信用社借贷渠道,而农业的高风险性又迫使其更为谨慎地选择以亲友借贷为主的民间借贷渠道;"风险偏好"对新农人选择"民间借贷""银行或信用社借贷"和"新型金融组织借贷"渠道均有显著的正向影响,原因是风险偏好型新农人冒险意识较强,贷款积极性较高,从而更倾向于各种外部融资渠道。

社会资本状况变量中,不同类型社会资本对新农人融资渠道选择均有显著影响,与前文理论预期一致。其中,"亲友担任村镇干部"和"加入农业合作组织"均显著正向影响新农人选择"民间借贷""银行或信用社借贷"和"新型金融组织借贷"渠道,说明丰富的社会网络资源能降低新农人与金融机构和个人放贷者的信息不对称度,使其更易从外部融资渠道筹得所需资金;"与亲友间信任程度"分别在 10% 和 5% 水平上显著正向影响新农人选择"银行或信用社借贷"和"新型金融组织借贷"渠道,说明较高的社会信任程度能帮助新农人赢得现代金融机构信赖,从而以较低的融资成本和偿贷风险筹得所需资金;"担任村镇干部"在 1% 水平上显著正向影响新农人选择"新型金融组织借贷"渠道,而"中共党员身份"对其选择"民间借贷""银行或信用社借贷"和"新型金融组织借贷"渠道均有显著的正向影响,说明较高的社会声望能为新农人按期还款提供保证,从而更易从外部融资渠道筹得所需资金。

其他特征变量中,互联网使用状况、经营状况和所在地区特征也会影响新农人融资渠道选择,与前文理论预期一致。其中,"主要通过互联网获取创业信息"在 5% 水平上显著正向影响新农人选择"新型金融组织借贷"渠道,原因是主要通过互联网获取创业信息的新农人更易体会到互联网金融为涉农贷款带来的巨大便利;"年营业收入"对新农人选择"民间借贷""银行或信用社借贷"和"新型金融组织借贷"渠道均有显著的负向影响,原因是较高的年营业收入能使新农人通过个人储蓄、内部集资等内部融资方式低成本地筹得所需资金;"对当地未来经济发展预期"在 5% 水平上显著正向影响新农人选择"银行或信用社借贷"渠道,原因是新农人对当地未来经济发展预期越好,越不需要担心未来的不确定性风险,从而更倾向于银行或信用社等正规金融机构筹资。

表 4 新农人融资渠道选择 mlogit 模型估计结果

变量	民间借贷	银行或信用社借贷	新型金融组织借贷
性别	−0.136	0.297	−0.798
	(0.823)	(0.718)	(1.050)
年龄	1.328***	0.694	0.757
	(0.518)	(0.466)	(0.610)
受教育程度	1.427***	1.097***	0.815
	(0.424)	(0.407)	(0.721)
风险偏好	1.476***	0.802*	1.425***
	(0.532)	(0.475)	(0.523)

续表

变量	民间借贷	银行或信用社借贷	新型金融组织借贷
亲友担任村镇干部	2.302**	1.456*	1.825**
	(1.037)	(0.854)	(0.928)
加入农业合作组织	3.412***	3.247***	3.938***
	(1.140)	(1.086)	(1.300)
与亲友间信任程度	0.612	0.720*	1.012**
	(0.417)	(0.393)	(0.500)
担任村镇干部	0.346	0.988	3.626***
	(0.939)	(0.951)	(1.172)
中共党员身份	2.011*	2.064**	2.758**
	(1.113)	(0.974)	(1.116)
主要通过互联网获取创业信息	0.269	0.400	2.291**
	(1.035)	(0.857)	(1.105)
互联网社交频率	0.027	0.295	0.200
	(0.315)	(0.317)	(0.513)
年营业收入	−1.319***	−1.038***	−1.440***
	(0.418)	(0.361)	(0.402)
成长年限	−0.601	−0.392	−0.433
	(0.421)	(0.417)	(0.481)
交通成本	0.024	−0.123	0.751
	(0.519)	(0.558)	(0.678)
时间成本	−0.445	0.026	−0.108
	(0.406)	(0.406)	(0.496)
当地经济发展水平	−0.034	−0.641	0.170
	(0.536)	(0.578)	(0.635)
对当地未来经济发展预期	−0.472	1.218**	0.235
	(0.553)	(0.598)	(0.707)
常数项	−4.608*	−7.086**	−10.778***
	(2.699)	(3.616)	(3.839)
Number of obs	123		
Wald chi2	120.35		
Prob>chi2	0.0000		
Pseudo R²	0.3908		

注:以"自有资金"为基准组,括号内为稳健标准误,*、**、***分别表示在10%、5%、1%水平上显著。

（二）边际效应分析

由于 mlogit 模型的回归系数不能直接反映各自变量对新农人融资渠道选择的影响程度大小，本研究参考张三峰和杨德才（2010）、戚迪明等（2014）、易小兰和莫媛（2016）等学者的做法，在回归估计后进一步计算各自变量对新农人融资渠道选择的边际效应，结果如表5所示。

个体特征变量中，年龄每提高一个层次，新农人选择"民间借贷"的概率上升 13.0%；受教育程度每提高一个层次，新农人选择"自有资金"的概率下降 5.6%；风险偏好程度每提高一个层次，新农人选择"自有资金"的概率下降 5.2%，而选择"民间借贷"的概率上升 12.4%。这说明，年龄、受教育程度、风险偏好等个体特征对新农人融资渠道选择影响较大。

社会资本状况变量中，亲友担任村镇干部、加入农业合作组织、有中共党员身份的新农人选择"自有资金"的概率分别下降 7.6%、24.6% 和 9.6%；与亲友间信任程度每提高一个层次，新农人选择"自有资金"的概率下降 3.5%；担任村镇干部的新农人选择"民间借贷"的概率下降 19.7%，而选择"新型金融组织借贷"的概率上升 39.3%。这说明，不同维度社会资本状况对新农人融资渠道选择影响较大。

其他特征变量中，主要通过互联网获取创业信息的新农人选择"新型金融组织借贷"的概率上升 21.3%；年营业收入每增加 1%，新农人选择"自有资金"的概率上升 5.7%；当地经济发展水平每提高一个层次，新农人选择"银行或信用社借贷"的概率下降 16.2%；对当地未来经济发展预期每提高一个层次，新农人选择"银行或信用社借贷"的概率上升 35.4%，而选择"民间借贷"的概率下降 28.3%。这说明，互联网使用状况、经营状况和所在地区特征等其他特征也对新农人融资渠道选择影响较大。

表5　新农人融资渠道选择边际效应估计结果

变量	自有资金	民间借贷	银行或信用社借贷	新型金融组织借贷
性别	-0.001 (0.032)	-0.042 (0.152)	0.149 (0.156)	-0.106 (0.115)
年龄	-0.043 (0.031)	0.130* (0.074)	-0.079 (0.086)	-0.008 (0.049)
受教育程度	-0.056* (0.029)	0.087 (0.072)	0.000 (0.084)	-0.031 (0.053)
风险偏好	-0.052* (0.031)	0.124* (0.067)	-0.118 (0.079)	0.046 (0.042)
亲友担任村镇干部	-0.076* (0.044)	0.177 (0.139)	-0.117 (0.133)	0.017 (0.067)
加入农业合作组织	-0.246** (0.101)	0.078 (0.122)	0.085 (0.139)	0.084 (0.063)
与亲友间信任程度	-0.035* (0.021)	-0.020 (0.063)	0.019 (0.073)	0.036 (0.047)
担任村镇干部	-0.052 (0.039)	-0.197* (0.113)	-0.144 (0.154)	0.393*** (0.124)
中共党员身份	-0.096* (0.053)	-0.006 (0.155)	0.017 (0.155)	0.085 (0.076)
主要通过互联网获取创业信息	-0.029 (0.039)	-0.080 (0.137)	-0.104 (0.132)	0.213** (0.089)
互联网社交频率	-0.010 (0.014)	-0.045 (0.063)	0.055 (0.060)	0.000 (0.045)
年营业收入	0.057** (0.026)	-0.057 (0.051)	0.037 (0.058)	-0.037 (0.031)
成长年限	0.022 (0.020)	-0.045 (0.064)	0.023 (0.078)	-0.000 (0.036)
交通成本	-0.001 (0.024)	0.002 (0.092)	-0.081 (0.105)	0.081 (0.056)
时间成本	0.006 (0.018)	-0.087 (0.062)	0.081 (0.065)	0.001 (0.036)
当地经济发展水平	0.019 (0.026)	0.086 (0.085)	-0.162* (0.094)	0.058 (0.059)
对当地未来经济发展预期	-0.031 (0.024)	-0.283*** (0.095)	0.354*** (0.111)	-0.040 (0.054)

注:括号内为标准误;*、**、***分别表示在10%、5%和1%水平上显著;虚拟变量按从0到1计算边际效应,连续变量根据变量均值进行计算。

五、主要结论与政策建议

本研究基于浙江省新农人实地问卷调查数据,描述性统计分析其创业和融资的基本现状,进而利用 mlogit 模型实证检验了个体特征、社会资本状况、互联网使用状况、经营状况、交易成本状况和所在地区特征对新农人融资渠道选择的影响。结果表明:第一,浙江省新农人普遍拥有较高的人力资本水平、风险规避意识和互联网社交频率,为其顺利开展农业创业和经营奠定了坚实的基础;第二,浙江省新农人投身农业生产经营的时间和规模普遍比较有限,且面临较高的融资交通成本和时间成本,迫切需要政府采取措施加以扶持;第三,风险偏好程度越高、社会资本水平越高、以互联网为创业信息主要获取渠道的新农人更倾向于选择"新型金融组织借贷",因为这类新农人涉农贷款积极性较高,对现代金融机构较了解,从而更易赢得各类新型金融组织青睐;第四,年龄越大、受教育程度越高、对当地未来经济发展预期越好的新农人更倾向于选择"民间借贷"和"银行或信用社借贷",因为这类新农人能清晰地知道各类融资渠道的优劣势,从而选择成本更低、风险更小的融资渠道。

基于上述研究结论,本研究提出以下几点政策建议:

第一,加大新农人社会资本培育力度。新农人有限的社会资本水平不利于其获得现代金融机构支持。因此建议政府采取措施,一方面完善新农人联合会等社会组织建设,为新农人积累来自政府部门、金融机构的社会资本搭建平台;另一方面积极引导新农人发挥对周围农户的辐射带动作用,从而有效提升其社会声望和影响力。

第二,健全农村互联网金融服务体系。较高的融资风险和不完善的服务体系使新农人选择互联网融资的频率不高。因此建议政府采取措施,一方面积极组织新农人参加互联网金融知识培训,为其参与互联网融资提供所需知识储备和经验积累;另一方面健全互联网金融相关法律法规,明确金融业务参与各方的准入条件、权责关系和违规惩治机制等,为新农人选择互联网融资营造良好的法律制度环境。

第三,创新农村金融产品和服务模式。不健全的农村金融产品和服务模式使多数新农人依然面临着较强的融资约束。因此建议政府采取措施,一方面鼓励金融机构根据新农人的创业经营状况和融资需求特点设计差异化的金融产品和服务模式;另一方面引导金融机构从贷款手续、期限、额度等方面优化现有农村金融产品和服务模式,确保在风险可控的情况下更好满足新农人差异化的融资需求。

参考文献:

[1]Milone P, Ventura F. New Generation Farmers: Rediscovering the Peasantry[J]. Journal of Rural Studies, 2019: 43-52.

[2]]严爱玲,江宏,郑书莉.乡村振兴视域下的互联网金融对新农人创业绩效的影响——基于安徽省调研数据的分析[J].南京审计大学学报,2020,17(5):103-111.

[3]谢平,邹传伟,刘海二.互联网金融的基础理论[J].金融研究,2015(8):1-12.

[4]尹志超,张号栋.金融可及性、互联网金融和家庭信贷约束——基于CHFS数据的实证研究[J].金融研究,2018(11):188-206.

[5]阚立娜,李录堂,薛凯文.农地流转背景下新型农业经营主体信贷需求及约束研究——基于陕西杨凌农业示范区的调查分析[J].华中农业大学学报(社会科学版),2016(3):104-111,135-136.

[6]王蔷,郭晓鸣.新型农业经营主体融资需求研究——基于四川省的问卷分析[J].财经科学,2017(8):118-132.

[7]王吉鹏,肖琴,李建平.新型农业经营主体融资:困境、成因及对策——基于131个农业综合开发产业化发展贷款贴息项目的调查[J].农业经济问题,2018(2):71-77.

[8]马晓青,刘莉亚,胡乃红,等.信贷需求与融资渠道偏好影响因素的实证分析[J].中国农村经济,2012(5):65-76,84.

[9]曹璨,罗剑朝.社会资本、金融素养与农户创业融资决策[J].中南财经政法大学学报,2019(3):3-13,158.

[10]罗振军,兰庆高.种粮大户融资路径偏好与现实因应:黑省例证[J].改革,2016(6):100-110.

[11]米运生,廖祥乐,吴怡.农业转型升级、信贷可得性与农户融资渠道正规化:基于农地流转的背景[J].华中农业大学学报(社会科学版),2018(4):61-70,168-169.

[12]Mushinski D W. An Analysis of Offer Functions of Banks and Credit Unions in Guatemala[J]. The Journal of Development Studies, 1999, 36(2): 88-112.

[13]马永强.中国农户融资现状与民间借贷偏好分析——来自全国农户借贷调查问卷[J].经济学家,2011(6):28-37.

[14]Duong P B, Izumida Y. Rural Development Finance in Vietnam: A Micro-econometric Analysis of Household Surveys[J]. World Development, 2002, 30(2): 319-335.

[15]何广文,王力恒.银行业结构变迁对农户融资渠道选择行为的影响——基于中国7省18县的农户调查数据[J].华南师范大学学报(社会科学版),2017(1):86-93,190.

[16]杨燕,翟印礼.林农融资需求与融资渠道选择研究[J].经济问题,2016(6):39-44.

[17]金烨,李宏彬.非正规金融与农户借贷行为[J].金融研究,2009(4):63-79.

[18]童馨乐,褚保金,杨向阳.社会资本对农户借贷行为影响的实证研究——基于八省1003个农户的调查数据[J].金融研究,2011(12):177-191.

[19]王金哲.社会资本影响家庭融资渠道选择了吗?——基于CHFS调查数据的实证研究[J].财经论丛,2019(1):52-60.

[20]孙颖,林万龙.市场化进程中社会资本对农户融资的影响——来自CHIPS的证据[J].农业技术经济,2013(4):26-34.

[21]邱新国,冉光和.互联网使用与家庭融资行为研究——基于中国家庭动态跟踪调查数据的实证分析[J].当代财经,2018(11):56-67.

[22]王定祥,张争美,李伶俐.小微企业信贷需求与信贷行为实证研究[J].软科学,2014,28(12):69-72.

[23]翁贞林,朱红根,张月水.粮食主产区种稻大户稻作经营借贷行为的实证研究——基于江西省619户种稻大户的调研[J].江西农业大学学报(社会科学版),2009,8(1):48-52.

[24]殷浩栋,汪三贵,王彩玲.农户非正规金融信贷与正规金融信贷的替代效应——基于资本禀赋和交易成本的再审视.经济与管理研究,2017,38(9):64-73.

[25]张乐柱,杨明婉,颜梁柱.农户融资渠道偏好与现实路径选择:基于交易费用视角[J].南方金融,2019(3):12-22.

[26]李丹,孟德锋.乡村振兴战略背景下农村金融机构类型与异质性农户融资渠道选择[J].金融理论探索,2019(3):54-61.

[27]卢亚娟,张菁晶,章建伟.农户借贷行为的影响因素——基于江苏省调查数据的实证分析[J].南方金融,2016(10):90-98.

[28]陈鹏,刘锡良.中国农户融资选择意愿研究——来自10省2万家农户借贷调查的证据[J].金融研究,2011(7):128-141.

[29]Hausman J, Mcfadden D. Specification Tests for the Multinomial Logit Model[J]. Econometrica,1984, 52(5):1219-1240.

[30]张三峰,杨德才.农民的土地调整意愿及其影响因素分析——基于2006年中国综合社会调查数据[J].中国农村观察,2010(1):15-24,33,94.

[31]戚迪明,张广胜,杨肖丽.回流农民工就业存在"走廊效应"吗?——基于辽宁省回流农民工的调查[J].农林经济管理学报,2014,13(5):537-543.

[32]易小兰,莫媛.放宽市场准入下农户借贷渠道选择及其影响因素分析[J].农村经济,2016(3):67-72.

农民工城镇定居意愿研究
——基于子女看护方式视角[①]

王　薇　杨孝岗

摘　要：本文使用 2019 年对安徽省内 3234 名在职农民工开展问卷调查收集到的数据，将农民工意愿定居地分为五类，即家乡农村、家乡乡镇、家乡县城、现打工地和省内其他城市，使用描述性统计分析和 Mlogit 模型，以农民工子女看护方式为核心解释变量，探究影响农民工城镇定居意愿和定居地选择的因素。研究结果表明：父母(岳父母)看护子女和农民工自己看护子女均能显著提高农民工在城镇的定居意愿，由兄弟姐妹看护子女和让子女住寄宿制学校则会显著降低农民工在城镇的定居意愿。据此提出相应政策建议：一是完善子女看护社会服务，减轻农民工子女看护压力；二是为农民工父母提供情感关怀，解决其养老问题；三是深化户籍制度改革，推动农民工定居意愿转换为落户行为。

关键词：农民工；定居意愿；城镇化；Mlogit 模型

一、引言

2017 年，党的十九大报告正式提出乡村振兴战略，要求"加快农业转移人口市民化"，并对我国农业发展现代化和城乡发展一体化做出了宏观规划。城

---

① 王薇：安徽省社科院经济研究所助理研究员。研究方向为农村劳动力转移。杨孝岗，杭州银行合肥分行客户经理。研究方向为农村金融。

镇化是现代化的必由之路,是人类社会发展的客观趋势。城镇化通过吸引农业转移人口在城市就业、定居和落户,能够提高社会内需和国民消费能力,保证经济持续增长。可见,农业转移人口市民化是城镇化顺利进行的关键,了解农民工城镇定居意愿的影响因素并针对性地解决农民工定居城镇遇到的阻碍是推动农民工市民化过程中的重要环节。

二、文献回顾

现有文献在研究我国农村剩余劳动力外出的原因以及影响农民工城镇定居的因素方面取得了一定的成果。蔡昉(2000)从经济学角度出发,提出农村存在大量剩余劳动力是劳动力外出寻求工作机会的主要原因,这也是经济学界普遍认可的观点。罗霞和王春光(2010)以动态视角分析农民工外出原因,认为农民工会在流动过程中不断构建和更新其外出理由,他们发现与第一代外出农民工相比,新生代农民工选择外出的原因占比最大的是"一直念书,不懂农活"和"已经习惯于外出生活"。

对影响农民工城镇定居意愿因素的研究方面,刘传江等(2009)认为中国社会的"显性户籍墙"对农村劳动力流动的约束作用正在减弱,而附着在户籍上的医疗保障、子女教育和其他公共服务组成的"隐性户籍墙"弱化了农民工定居城镇的意愿,越来越成为阻碍农民工定居的主要原因。谢云等人(2012)对农民工进行问卷调查并对结果进行分析,指出尽管大多数农民工更喜欢城市生活,但极少愿意定居或落户城镇。他们同样认为户籍制度只是城乡不平等的表面,真正的不平等来源于与户籍制度相关的各种利益。

农民工的性别、年龄、受教育程度等个体因素对其在城镇定居意愿有相当大的影响。就性别研究方面,多数学者肯定性别对农民工城镇落户意愿存在显著影响,段志刚、熊萍(2010)对我国七省市进行实地调研与统计分析后得出,女性留城意愿和留城比例均高于男性,可能是因为男性背负更大的社会压力和责任,更强的焦虑感促使男性倾向于回乡发展。张松彪等(2019)同样认为农村女性更容易通过婚姻定居和落户城镇,而农村男性需要承担的购房压力大大降低了其定居城镇的意愿。此外,受教育程度和年龄差异也对农民工城镇落户意愿呈显著正向影响。李强和龙文进(2009)研究认为教育和人力资本水平越高农民工留城意愿越高。罗遐(2012)也持有相同观点,她进一步指出农民工人力资本的积累与其留城时间的积累有很大的关系,留城时间越久,人力资本水平相对越高,留城意愿也越大。

收入水平、农村土地财产等经济因素也会显著影响农民工城市落户意愿,稳定的工作收入是农民工长期居住在城镇的生活保障。而陈维涛、彭小敏(2012)通过调查发现农村迁移者多从事劳动强度大、劳动力报酬低的工作,福利待遇远不如城市劳动力,且较难进入高收入行业。刘金凤和魏后凯(2021)探究农民工收入水平、城市高房价和城镇定居意愿的关系,指出高房价的存在将农民工排斥至城镇之外。

此外,农民工的社会资本和在工作地的融入状况都是影响农民工城镇定居意愿的重要因素。李楠(2010)认为农民工在工作地的融入状况会显著左右农民工留城定居决策,农民工对务工城市的归属感和认同感,以及农民工在城市中亲密朋友的多寡都对其留城产生正向影响。陈杰等人(2021)指出农民工在城市交往范围较窄,社会关系网络匮乏,对所生活的城市没有融入感,无法产生主人翁意识。杨成凤等人(2020)基于中国流动人口动态监测数据的研究得出,流动人口的社会认同越高,社会融入越深,其城镇定居意愿越强烈。社会文化特征对流动人口定居意愿产生的作用也越来越大。

现有研究不仅从外部制度方面,也从农民工个体和经济方面探究影响其定居落户的因素,为本文研究提供了较好的前期基础。随着城镇化进程的加快,农村留守儿童和农民工随迁子女所折射出的农民工子女看护问题越来越突出,现有文献鲜有从子女看护方式角度研究其对农民工城镇定居意愿的影响。因此,本文拟使用实地调研数据探究农民工子女看护方式对农民工城镇定居意愿及定居地选择的影响。

三、农民工城镇定居意愿的描述性统计分析

（一）数据来源和基本情况

本文所用数据来自 2019 年在安徽省宿州市、阜阳市、滁州市、六安市、亳州市、安庆市、马鞍山市的十五个区县就城镇就业的农民工的落户状况而开展的实地调研。调研采用与当地企业对接的方式,有目的性地向在职农民工群体发放调查问卷,并通过一对一答疑辅助调研对象填写问卷,保证了调研对象的针对性、问卷填写的准确性和数据收集的有效性。本文基于对农民工城镇定居意愿的研究目的,筛选出有效样本共 3234 份。有效变量主要为:包括性别、年龄、婚姻状况、文化程度、政治面貌、健康状况在内的农民工个人情况,农民工的子女看护方式、爱人工作状况在内的家庭情况,农民工的自我身份认知,包括农民工的打工年限、是否换过工作在内的工作情况,包括农民工在当地是否有朋友、遇到问题寻求谁的帮助、是否参与民主管理在内的工作地融入状况。样本基本情况如表 1 所示。

表 1　样本基本情况（N = 3234）

变量	人数	百分比	变量	人数	百分比
性别			打工年限		
男	1323	40.91	2 年以下	1833	56.68
女	1911	59.09	2~5 年	690	21.34
年龄			5 年以上	711	21.99
18~30 岁	715	22.11	换工作		
30~40 岁	1544	47.74	换过工作	1989	61.5
40 岁以上	975	30.15	没有换过工作	1245	38.5
婚姻			当地是否有朋友		
已婚	2899	89.64	有	2421	74.86
未婚	335	10.36	没有	813	25.14
文化程度			寻求帮助	初中	1677
小学	410	12.68	政府	505	15.62
初中	1677	51.86	单位	496	15.34
高中或中专	800	24.74	同事	555	17.16
大专及以上	347	10.73	当地亲友	1678	51.89

续表

变量	人数	百分比	变量	人数	百分比
子女看护方式			参与民主管理		
父母(岳父母)看护	1037	32.07	是	738	22.82
兄弟姐妹看护	394	12.18	否	2496	77.18
住寄宿制学校	603	18.65	计划定居地		
自己看护	1200	37.1	家乡农村	1097	33.92
爱人工作状况			家乡乡镇	363	11.22
非同城务工	1020	31.54	家乡县城	373	11.53
同城务工	1345	41.59	现打工地	1254	38.78
没有务工	869	26.87	省内其他城市	147	4.55
自我认知					
城市居民	117	3.62			
不清楚	336	10.39			
农村居民	2781	85.99			

　　根据调研数据统计,农民工定居意愿地可分为五类,即家乡农村、家乡乡镇、家乡县城、现打工地和省内其他城市。其中,打算在家乡农村定居的农民工比例为33.92%,在家乡乡镇定居的比例为11.22%,在家乡县城定居的比例为11.53%,在现打工地定居的比例为38.78%,打算在安徽省内其他城市定居的比例为4.55%。可见,总样本中愿意留在现打工地定居的人数最多,其次是返回家乡农村定居。这是从统计学角度探究子女看护变量和其他相关变量对农民工城镇定居意愿和定居地选择的影响。

　　(二)子女看护方式和农民工定居意愿

　　由表1和图1所示,总样本中首先是农民工自己看护子女的比例最高,其次是由父母(岳父母)看护,两种方式分别占总体农民工的37.1%和32.07%。选择让兄弟姐妹看护子女的农民工最少,仅占样本总体的12.18%。可以理解,农民工在自己经济和生活条件允许的条件下,肯定更愿意自己亲自照顾孩子,和孩子生活在一起。再次,则是委托给父母(岳父母)照顾孩子能让农民工更放心。而自己的兄弟姐妹通常面临和自己相似的家庭和经济压力,所以一般是农民工托付子女的最后选择。

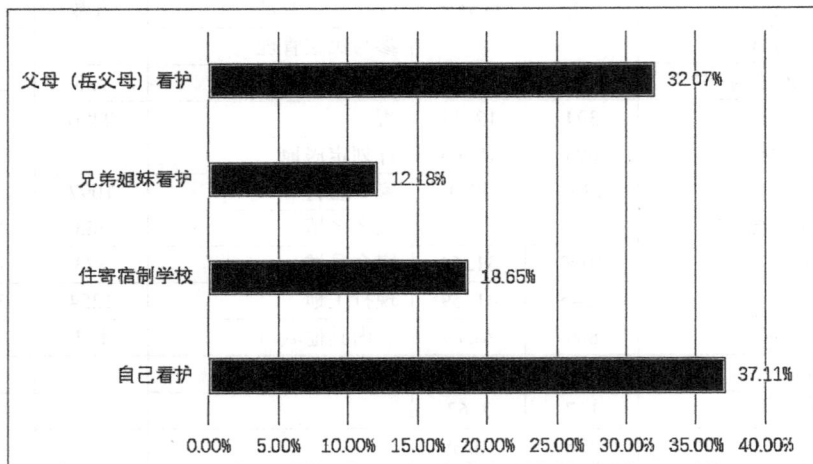

图 1　总样本子女看护方式情况

　　由图 2 所示,子女看护方式不同的农民工将来定居意愿也存在差异。总体来看,无论选择哪一种看护方式的农民工都更倾向于将来定居在现打工地或者返回家乡农村。其中,由父母(岳父母)看护子女和自己看护子女的农民工都最希望将来能在现在务工的城镇定居,具体来说,由父母(岳父母)看护子女的农民工中 45.9% 的人选择在现打工地定居,自己看护子女的农民工有 50.08% 的人选择在现打工地定居。这是由于现打工地相对于家乡在交通、教育、医疗、就业等方面发展都更好,且农民工在当地务工,对当地情况更为熟悉,所以现打工地是农民工定居城镇的首选。

　　此外,选择让兄弟姐妹看护孩子和让孩子住寄宿制学校的农民工更倾向于返回家乡农村定居。其中,委托兄弟姐妹看护子女的农民工有高达 78.93% 的人选择返回家乡农村居住,让子女住寄宿制学校的农民工则有 42.95% 的人选择返回家乡农村。做出这两种选择的农民工通常面临更重的经济压力,生活状况更为严苛,将来很难维持在其他地方居住的成本。

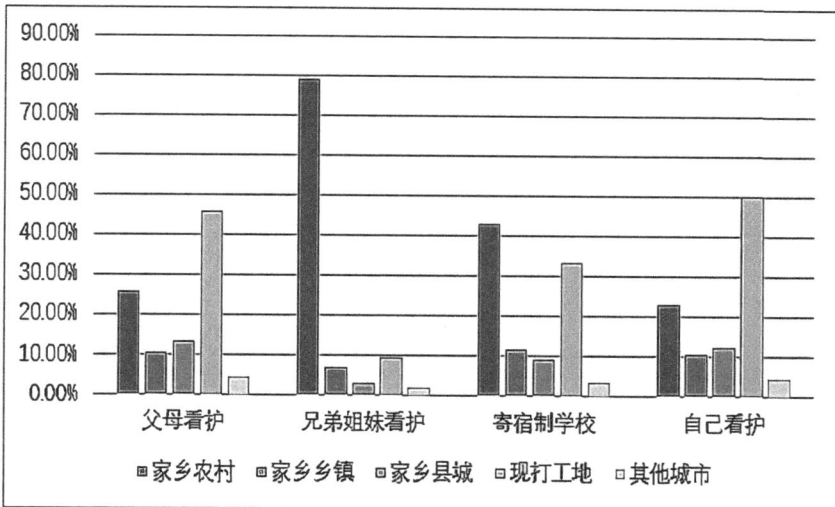

图 2　不同子女看护方式的农民工定居意愿

（三）个人特征和农民工定居意愿

1. 性别

从性别特征来看,总样本中女性占 59.09%,男性占 40.01%。由图 3 可以看出,男性选择回家乡农村定居的比例大于女性,为 39.15%,女性中回农村的比例为 30.3%。出现这一现象可能是因为男性在城镇生活面临着沉重的买房压力,尽管城镇有着更好的就业机会和生活条件,但生活成本太高难以负担,因此返回家乡也是其理性衡量后做出的选择。

女性选择在现务工城镇定居的比例最大,为 43.33%,且该比例高于男性的32.2%,两者相差 11.13%,可见女性更倾向于定居在现打工城镇。究其原因,一是已经在现打工地有了稳定的工作,对当地更加熟悉,二是因为女性相对于男性来说承担的压力较小,留城更为容易。

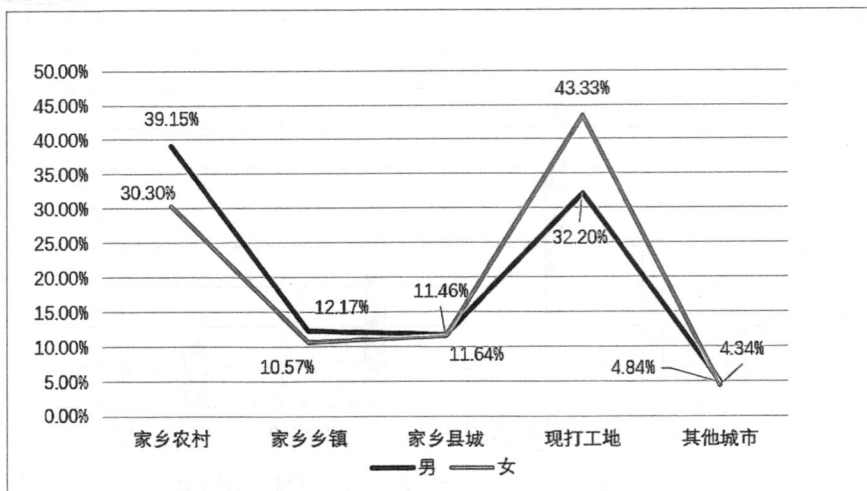

图 3　不同性别的农民工定居意愿

2. 年龄

从总样本的年龄特征来看,30 岁至 40 岁的农民工数量最多,占样本总量的 47.74%,其次为 40 岁以上的农民工,占样本的 30.15%,其余 22.11% 为 18 岁至 30 岁的农民工。由图 4 可知,18 岁至 30 岁的农民工更愿意定居在现在务工的城镇,其次是返回家乡农村。30 岁至 40 岁的农民工同样更倾向于在现打工地定居,且这一比例明显高于另两个年龄段的农民工,为 41.52%。原因可能是这一年龄段农民工正值青年,对将来留在打工地更有信心。40 岁以上的农民工则更愿意将来返回家乡农村居住,这一比例为 39.59%,大于另两个年龄段的农民工。一般来讲,40 岁以上的农民工不仅面临自己的家庭生活压力,同时承担着给父母养老的重担,回老家居住也是他们权衡后的理性选择。

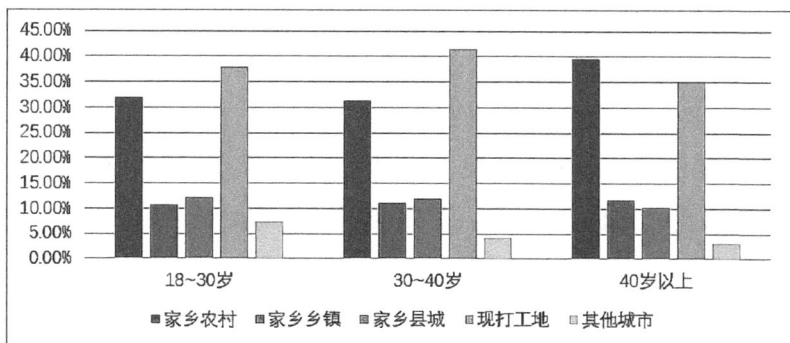

图 4　不同年龄的农民工定居意愿

3. 婚姻状况

由表 1 可知,总样本中已婚农民工有 2899 人,占比 89.64%,未婚仅占比 10.36%。从图 5 中可以看出,40.29% 的已婚农民工想定居在现打工城镇,相对地未婚农民工定居现打工地的比例为 25.67%。已婚农民工家庭状况稳定,考虑到子女教育、生活便利等方面更倾向于长期定居在城镇。现有样本中未婚农民工定居城镇和农村的比例差距不大,这可能是因为未婚农民工生活存在更多不确定性,暂时没有明确的定居意愿。

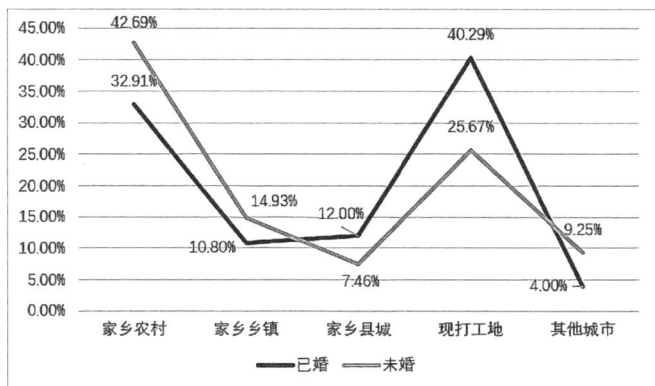

图 5　不同婚姻状况的农民工定居意愿

4. 文化程度

总样本中,初中文化程度的农民工最多,有 1677 人,占总样本的 51.86%,

其次为高中或中专文化程度,占24.74%。由图6可知,小学文化程度的农民工最想将来回家乡农村生活的,所占比例为45.61%,远大于其他文化程度的农民工。而大专及以上的农民工将来最想在现在的务工城镇定居,所占比例为41.79%,大于其他文化程度的农民工。可见,文化程度对定居意愿有一定的影响,一般来说随着文化程度的提高,想定居城镇的意愿就越强。

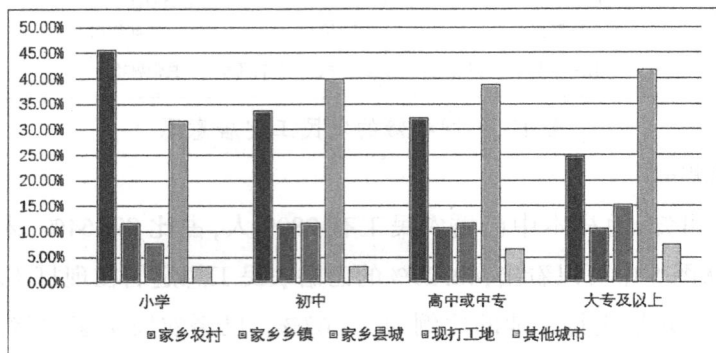

图6　不同文化程度的农民工定居意愿

(四)家庭特征与定居意愿

从表1可以看出,农民工家庭中爱人没有外出务工的仅占总样本的26.87%,其余的都是夫妻双方都在外务工。其中,夫妻双方在同一地务工的占比最大,为41.59%,在不同地区务工的占31.54%。

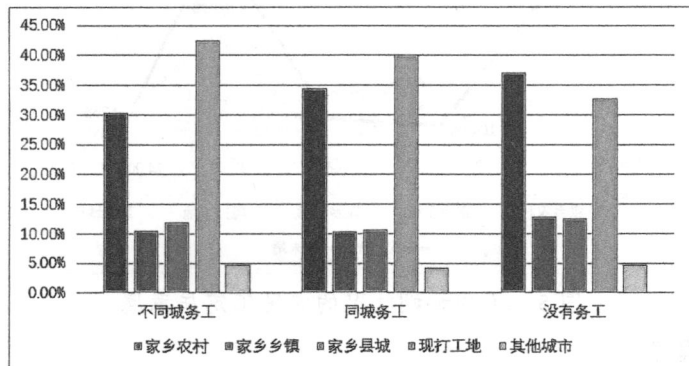

图7　爱人工作状况与农民工定居意愿

由图 7 所示,夫妻双方都务工的农民工更想将来在城镇,尤其是在现在打工的地方,继续生活下去。而只有一方务工的农民工则倾向于将来回到家乡农村居住。夫妻双方都务工的家庭收入更高,相对来说能够承受城镇生活的开销,自然更愿意在城镇居住。

（五）自我认知与定居意愿

总样本中,认为自己是城市居民的农民工仅有 117 人,占 3.62%,认为自己是农村居民的为 2781 人,占 85.99%,可见大部分农民工尽管生活工作在城镇,却很少有归属感。

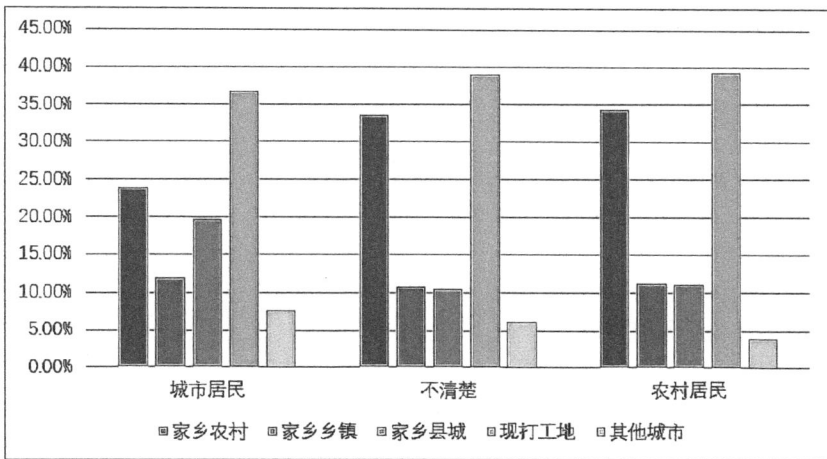

图 8 自我认知与农民工定居意愿

由图 8 可知,无论农民工自我认知如何,想定居在现打工地的比例都是最高的。其中,自我认知为城市居民的农民工共有 76.07% 想定居在城镇,36.75% 想定居在现打工地;自我认知不清楚的农民工想在城镇定居的比例为 66.37%;而自我认知为农村居民的农民工留在城镇定居的比例为 65.55%。

(六)工作特征与定居意愿

1.打工年限

农民工在当地的打工年限在很大程度上影响其城镇定居意愿。在打工城市的工作时间越长回家乡农村生活的意愿越弱,在城镇定居的意愿就越强。由图9可以看出,打工2年以下的农民工想在城镇定居的比例为62.3%,打工2年至5年的想在城镇定居比例为69.71%,打工5年以上的想在城镇定居比例为72.29%。在打工城市工作时间越久,工作经验就越丰富,薪酬也越高,对城市生活也更依赖,自然更想留城定居。

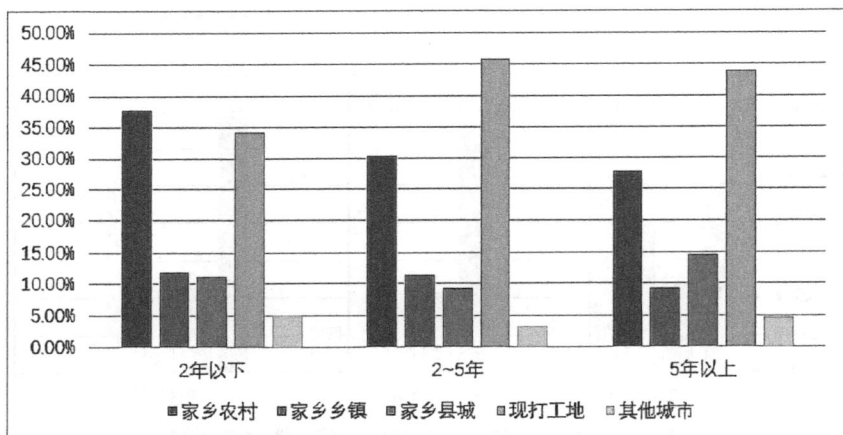

图9　打工年限与农民工定居意愿

2.换工作状况

由表1可以看出,总样本中换过工作的农民工占61.5%,比没有换过工作的农民工多23%。如图10所示,从定居意愿上来看,换过工作的农民工不仅在现打工地定居的意愿更强,整体上想在城镇定居的比例也高于没有换过工作的农民工。已经换过工作的农民工一般来说工作经验更加丰富,城市生活更为熟悉,无疑更倾向于继续在城市定居。

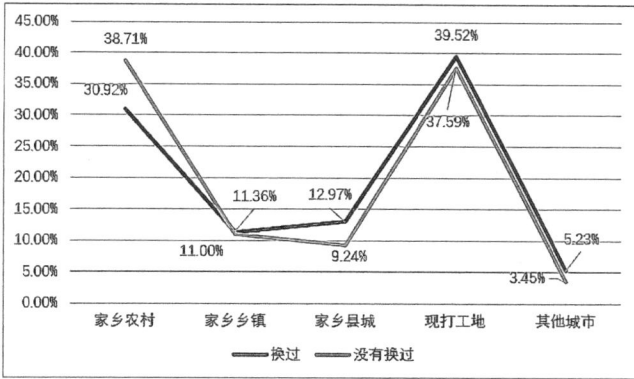

图 10　是否换过工作与农民工定居意愿

(七)打工地融入状况

1. 当地是否有朋友

总样本中,当地有朋友的农民工占半数以上,为 74.86%,可见大部分农民工在打工地人际关系都不错。由图 11 可以看出,当地有朋友的农民工想在城镇定居的比例为 69.27%,比在当地没有朋友的农民工高 12.69%,尤其是当地有朋友的农民工想定居在现打工地的比例比当地没有朋友的农民工要高 12.36%,而后者想返回农村的比例比前者高 12.69%。在城镇中有自己的人际关系网络的农民工更容易对城镇产生归属感,再加上城镇各方面生活更加便利,使得农民工更倾向于定居城镇。

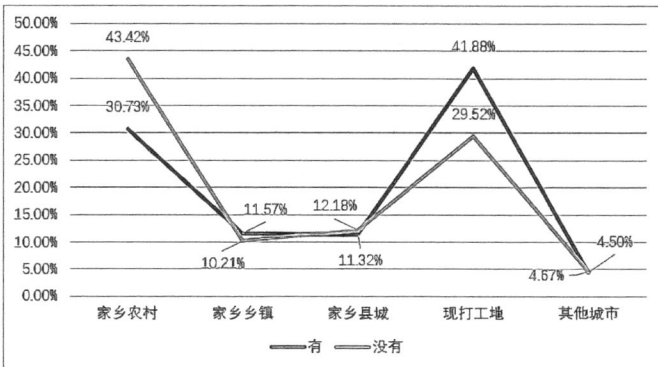

图 11　当地是否有朋友与农民工定居意愿

2. 找谁寻求帮助

由图12可以看出,遇到问题找政府或者同事寻求帮助的农民工很大可能将来会返回家乡农村居住,而遇到问题选择寻求单位或者当地亲友帮助的农民工将来定居城镇的意愿更强。其中,找当地亲友帮忙的农民工想定居在现打工地的比例最高,为40.94%。遇事能够找当地亲友帮忙的农民工在城镇生活有一定的依靠,压力相对来说会小一些,能够增强其城镇定居意愿。

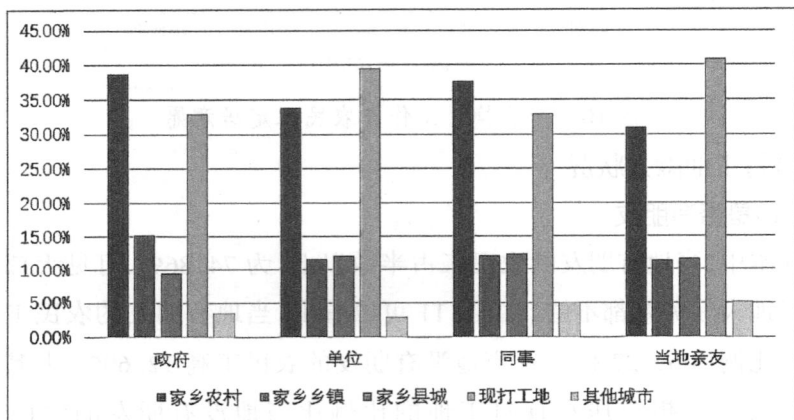

图12　找谁寻求帮助与农民工定居意愿

3. 是否参与当地民主管理

由表1可知,总样本中没有参与当地民主管理的农民工占大多数,比例为77.18%,而参与民主管理的农民工仅为22.82%。从定居意愿上来看,无论是否参与民主管理,农民工定居的首选都是现打工地。另一方面,没有参与民主管理的农民工想返回农村定居的比例要高于参与了当地民主管理的农民工。

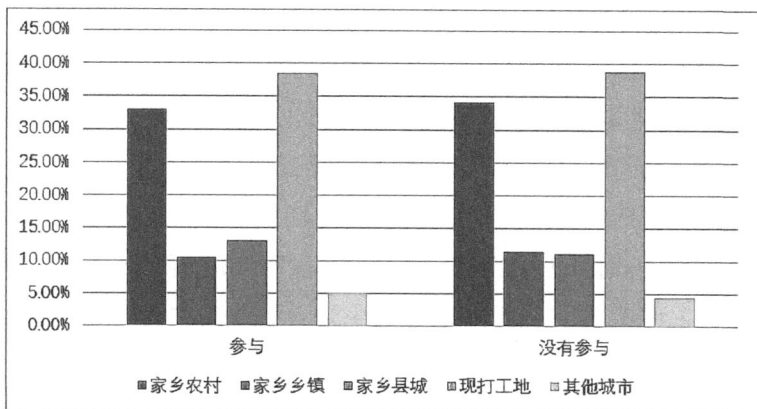

图 13　是否参与当地民主管理与农民工定居意愿

四、农民工城镇定居意愿影响的实证分析

描述性统计分析可以直观地看出不同子女看护方式的农民工的城镇定居意愿,在此基础上,本文使用 Mlogit 模型,结合农民工的个体特征、自我认知、家庭特征、工作特征和工作地融入五个方面,进一步分析不同的农民工子女看护方式对农民工城镇定居意愿和定居地的选择的影响。

(一)变量定义

1. 被解释变量

本文的研究目的是探究农民工的城镇定居意愿。根据调研问卷设置,将农民工选择的定居地进行了划分。基于此,本文统计模型的被解释变量设置为多分类变量,共分为五类,即农民工选择在家乡农村定居、在家乡乡镇定居、在家乡县城定居、在现打工地定居、在省内其他城市定居。其中,本文将农民工在家乡农村定居意愿作为被解释变量的参照组。具体变量定义如表 2 所示。

2. 核心解释变量

本文的核心解释变量是农民工的子女看护方式,根据实际情况和问卷设置共分为四类,即由父母(岳父母)看护、自己的兄弟姐妹看护、让子女住寄宿制学校和农民工自己看护,选择某种看护方式则赋值为 1,否则赋值为 0。

3. 控制变量

控制变量是其他影响农民工定居意愿的因素,本文根据已有文献研究和本次问卷数据信息,选取农民工个人特征、农民工自我认知状况、农民工家庭特征、农民工工作特征和农民工工作地融入情况五类变量作为本文控制变量:

个人特征。包括农民工的性别、年龄、婚姻状况和文化程度。根据所获得的数据信息,将年龄划分为18岁至30岁、30岁至40岁和40岁以上三个阶段,分别赋值为1,2和3;将文化程度划分为小学、初中、高中或中专、大专及以上4个阶段,分别赋值为6、9、12和16。

农民工自我认知状况。这一变量对应的问题是"就身份来说,您觉得自己是城市居民,还是农村居民",回答包括城市居民、说不清楚和农村居民三个选项,分别赋值为0—1变量。

家庭特征。对应的问题分别是"现有子女数""是否打算带子女进城教育"和"爱人打工状况"。本文设置变量"城市教育"代表农民工"是否想过带子女进城上学",回答"想过"赋值为1,"没想过"赋值为0;"爱人打工状况"设置三个0-1变量,分别代表"爱人和自己不在一起打工""爱人和自己在一起打工"和"爱人没有外出打工"。

工作特征。包括农民工的工作年限以及"是否换过工作"。其中,农民工工作年限小于2年的赋值为1,2年至5年的赋值为2,大于5年的赋值为3。

工作地融入状况。对应的问题为"工作地是否有朋友""如果在当地遇到了问题,一般找谁帮忙"和"是否参加过所在单位的民主管理活动"。其中,"遇到问题找谁帮忙"设置4个0—1变量,分别代表找政府、找单位、找同事和找当地亲友帮忙。

表2　变量定义与说明

变量类别	变量名称	变量定义	均值	标准差
被解释变量	家乡农村定居	是＝1,否＝0	0.339	0.474
	家乡乡镇定居	是＝1,否＝0	0.112	0.316
	家乡县城定居	是＝1,否＝0	0.115	0.319
	现打工地定居	是＝1,否＝0	0.388	0.487
	省内其他城市定居	是＝1,否＝0	0.045	0.208
解释变量	父母(岳父母)看护	是＝1,否＝0	0.42	0.494
	兄弟姐妹看护	是＝1,否＝0	0.058	0.233
	住寄宿制学校	是＝1,否＝0	0.139	0.346
	自己看护	是＝1,否＝0	0.391	0.488
个人特征	性别	男＝1,女＝0	0.409	0.492
	年龄	18~30岁＝1;30~40岁＝2;40岁以上＝3	2.103	0.715
	婚姻状况	已婚＝1,未婚＝0	0.901	0.298
	文化程度	小学＝6,初中＝9,高中或中专＝12,大专及以上＝16	10.134	2.715
自我认知	城市居民	是＝1,否＝0	0.036	0.187
	说不清楚	是＝1,否＝0	0.078	0.268
	农村居民	是＝1,否＝0	0.860	0.347
家庭特征	子女数	连续变量	1.717	0.673
	城市教育	是＝1,否＝0	0.395	0.489
	爱人和自己不在一起打工	是＝1,否＝0	0.335	0.472
	爱人和自己在一起打工	是＝1,否＝0	0.378	0.485
	爱人没有外出打工	是＝1,否＝0	0.251	0.434
工作特征	工作年限	2年以下＝1;2~5年＝2;5年以上＝3	1.653	0.816
	换过工作	是＝1,否＝0	0.615	0.487
工作地融入	工作地有朋友	是＝1,否＝0	0.815	0.389
	找政府帮忙	是＝1,否＝0	0.161	0.367
	找单位帮忙	是＝1,否＝0	0.165	0.371
	找同事帮忙	是＝1,否＝0	0.184	0.388
	找当地亲友帮忙	是＝1,否＝0	0.557	0.497
	参与民主管理	是＝1,否＝0	0.249	0.432

(二)模型选择与设定

1. 模型基本原理

当模型中的被解释变量是离散变量时,比如个体的一些选择行为,通常使用"离散选择模型"。若个体面临的选择为两项,一般使用二元 logit 模型进行分析;若个体面临的选择有两项以上,则使用多值选择模型 Mlogit 进行分析。本文被解释变量是农民工的城镇定居意愿,并根据问题"您计划今后居住在哪里"将农民工的选择分为五类,故本文适用 Mlogit 模型进行分析。

农民工对将来定居地的选择遵循个体效用最大化原则,利用随机效用法,则农民工个体 i 选择定居地 j(j=1,2,3,4,5)获得的随机效用函数为:

$$U_{ij} = x'_{ij}\beta_j + \varepsilon_{ij}(i = 1,\cdots,n,j = 1,\cdots,5)$$

其中, U_{ij} 表示第 i 个农民工选择定居地 j 带来的效用水平;解释变量 x_{ij} 表示能对第 i 个农民工选择定居地 j 产生影响的变量,本文中包括农民工的子女看护方式、农民工的个人特征、家庭特征、工作特征等,这些变量随农民工个体而变; β_j 是函数的系数,表示 x_{ij} 对随机效用 U_{ij} 的影响取决于定居地 j; ε_{ij} 是随机扰动项。

可知,只有当定居地 j 带给农民工的效用高于其他定居地,农民工 i 才会选择在 j 地定居。假定农民工做出定居的选择是相互独立的,随机扰动项 ε_{ij} 也服从独立同分布,则农民工 i 在 j 地定居的概率为:

$$P(y_i = j|x_{ij}) = P(U_{ij} \geq U_{ik}, \forall k \neq j, k = 1,\ldots,5) = \frac{\exp(x'_{ij}\beta_j)}{\sum_{k=1}^{j}\exp(x'_{ij}\beta_j)}$$

此为 Mlogit 模型的概率公式,使用极大似然法,通过对概率公式的似然函数最大化可以求得模型系数 β_j 的解。

需要注意的是,Mlogit 模型中通常选取一个方案作为参照(本文选择 j = 1,即返回农村定居,作为参照方案),从而系数估计值 β_j 会随参照方案的变化而变动,故无法通过 β_j 的数值表达解释变量对被解释变量影响程度的高低,仅能通过系数符号表示影响的具体方向。因此在进行多值选择模型结果汇报时,一

般不仅是汇报系数 β_j，还要汇报概率比或相对风险比率：$RRR = \dfrac{(y_i = j \mid x_{ij})}{(y_i = 1 \mid x_{ij})} =$ $\exp(x'_{ij}\beta_j)$，其经济学含义是：在其他条件都不变的情况下，相对于参照方案来讲，解释变量 x_{ij} 变化一个单位所引起的个体 i 选择定居地 j 的相对概率是原概率的多少倍。

2. Mlogit **模型构建**

根据模型原理和本文的研究目的，本文将农民工选择回家乡农村定居（y = 1）作为参照方案，拟构建以下 Mlogit 模型：

$$\log \frac{p_j}{p_1} = \alpha_{ij} + \beta_{ij}CW_i + \gamma_{ij}CON_i(i = 1,\cdots,n, j = 1,\cdots,5)$$

其中，P_j 指农民工选择不同定居地（家乡农村、家乡乡镇、家乡县城、现打工城镇、其他城市）的概率，P_1 指农民工返回家乡农村定居的概率，α_{ij} 是截距项，CW_i 指个体 i 的子女看护方式变量，CON_i 指模型中其他控制变量，比如农民工的个体特征、家庭特征、工作特征等，β_{ij} 和 γ_{ij} 分别是模型中各变量的系数。

（三）计量实证结果及分析

本文使用 stata16 进行 Mlogit 模型回归。在此之前，为避免解释变量之间存在相关性，保证模型估计结果的准确性，首先检验变量多重共线性。本文对 3234 个样本进行方差膨胀因子检验，结果显示所有解释变量 VIF 值均小于 1.60，容差均小于 1，故通过检验。

本文采用向后逐步选择法将回归结果进行整理，剔除对所有被解释变量的 P 值都大于 0.1 的自变量，得到的 Mlogit 模型回归结果如表 3 所示，模型以"返回家乡农村"为参照方案。从回归结果来看，农民工的四种子女看护方式皆对其定居地的选择意愿有显著影响。此外，农民工的个体特征、家庭特征、工作特征等也在不同程度上影响农民工城镇定居意愿和定居地的选择。

表3　Mlogit 模型回归结果

变量	家乡乡镇 系数（标准误）	家乡乡镇 相对风险比	家乡县城 系数（标准误）	家乡县城 相对风险比	现工作地 系数（标准误）	现工作地 相对风险比	省内其他城市 系数（标准误）	省内其他城市 相对风险比
父母看护	0.514*** (0.168)	1.672***	0.570*** (0.176)	1.768***	1.183*** (0.128)	3.263***	0.432* (0.250)	1.541*
兄弟姐妹看护	-1.694*** (0.239)	0.184***	-2.426*** (0.330)	0.088***	-2.364*** (0.208)	0.094***	-2.346*** (0.457)	0.096***
住寄宿制学校	-0.405** (0.184)	0.667**	-0.675*** (0.199)	0.509**	-0.337** (0.137)	0.714**	-0.783*** (0.298)	0.457**
自己看护	0.146 (0.177)	1.157	0.282 (0.178)	1.326	0.967*** (0.130)	2.630***	0.294 (0.254)	1.342
性别	-0.118 (0.139)	0.889	-0.091 (0.143)	0.913	-0.359*** (0.105)	0.698***	-0.065 (0.201)	0.937
婚姻状况	-0.475** (0.205)	0.622**	0.425 (0.270)	1.529	0.185 (0.185)	1.203	-0.875*** (0.266)	0.417***
文化程度	0.022 (0.026)	1.023	0.063** (0.026)	1.065**	0.046** (0.020)	1.047**	0.102*** (0.035)	1.108***
农村居民	-0.283 (0.202)	0.753	-0.490** (0.202)	0.613**	-0.222 (0.160)	0.801	-1.033*** (0.240)	0.356***
城市教育	-0.272 (0.142)	0.762	0.201 (0.140)	1.223	0.205** (0.103)	1.228**	0.168 (0.198)	1.183
爱人没有打工	0.085 (0.149)	1.088	0.040 (0.155)	1.041	-0.313*** (0.118)	0.731***	-0.315 (0.234)	0.730
工作年限	-0.021 (0.087)	0.980	0.228*** (0.086)	1.256***	0.187*** (0.063)	1.206***	0.108 (0.126)	1.114
换工作	0.053 (0.141)	1.054	0.214 (0.149)	1.239	-0.031 (0.106)	0.969	0.529** (0.223)	1.698**
朋友	0.183 (0.180)	1.201	-0.090 (0.189)	0.914	0.425*** (0.146)	1.529***	-0.020 (0.263)	0.981
求助政府	0.368** (0.162)	1.445**	-0.365* (0.196)	0.694*	-0.308** (0.136)	0.735**	-0.319 (0.282)	0.727

对数似然值	-3429.094				Prob>chi2	0.0000		
PseudoR2	0.1014				LR chi2(56)	774.18		

注：***、**、*分别表示解释变量在 1%、5%、10% 水平上具有显著性；括号内是标准误。

1. 子女看护方式与农民工城镇定居意愿

本文按照实际情况在变量设置中将农民工子女看护方式分为四种,即父母(岳父母)看护、兄弟姐妹看护、子女住寄宿制学校和农民工自己看护。由回归结果可知,子女看护方式对农民工的定居意愿和定居地的选择有显著影响。

子女交托给父母(岳父母)看护对农民工定居意愿影响系数皆为正,且对农民工在家乡乡镇、家乡县城和现工作地定居意愿的影响在1%的水平上显著,对农民工在省内其他城市定居意愿的影响在10%的水平上显著,相对风险比都大于1。具体来说,交由父母(岳父母)照顾子女显著增加了农民工在城镇的定居意愿,农民工选择定居家乡乡镇/家乡农村的相对概率是原来的1.672倍,增加了67%;选择定居家乡县城/家乡农村的相对概率是原来的1.768倍,增加了76.8%;选择省内其他城市/家乡农村的相对概率是原来的1.541倍,增加了54.1%;最明显的是农民工选择定居现工作地/家乡农村的相对概率是原来的3.263倍,增加了226.3%。父母(岳父母)帮助在外务工农民工照顾子女不仅能让农民工安心,没有后顾之忧,更大大减轻农民工面临的经济压力,让农民工有更多的积蓄和精力为将来做打算,因而比起返回农村,农民工更倾向于选择发达地区定居,尤其是目前自己务工的城镇,农民工对当地更加熟悉,归属感相对更强,在此定居的意愿也更为强烈。

交由兄弟姐妹看护子女明显会增强农民工返回家乡农村定居的意愿。回归结果显示,子女交托给兄弟姐妹看护对农民工定居乡镇、县城、现工作地和其他城市的意愿都产生了负向影响,回归结果都在1%的水平上显著,相对风险比都小于1。可见委托自己的兄弟姐妹照看子女的农民工更倾向于将来返回老家农村居住。一般来讲,兄弟姐妹们也有自己的家庭需要照顾,很难有精力再多照顾其他孩子,考虑到会给兄弟姐妹造成麻烦和担心孩子寄人篱下受不到精心照顾,很少有农民工会委托兄弟姐妹看护自己的孩子。因而选择这种子女看护方式的农民工通常是面临着较大的经济和生活压力,没有其他更好的选择,才不得不将孩子托付给兄弟姐妹看护。这种情况下,农民工根据自身的实力和收入状况,在城镇定居意愿更低,会更倾向于以后返回家乡农村生活。

　　让子女住寄宿制学校也对农民工定居意愿有显著影响。根据回归结果,子女住寄宿制学校对农民工的定居意愿影响系数皆为负,且都在1%的水平上显著,相对风险比都小于1。结果表明,选择让子女住校的农民工有更低的城镇定居意愿,更倾向于将来返回家乡农村定居。农民工或因外出务工忙碌没有额外的精力照顾孩子的生活和学习,或因自身经济压力和城市教育政策,无法给子女提供更好的教育机会,这些都会降低农民工在城镇定居的意愿,成为农民工返乡定居的推力。

　　最后,由回归结果可知,农民工将子女带在身边照顾会显著增加其在现工作地的定居意愿。选择自己照顾子女对农民工在工作地定居意愿的影响系数为正,结果在1%的水平上显著,且相对风险比为2.630。这说明,农民工选择定居现工作地/家乡农村的相对概率是原来的2.630倍,增加了163%。能将子女带在身边照顾的农民工通常具有一定的经济能力,可以保证全家人在城镇的生活开销和子女的教育费用,与子女一起生活不仅有助于孩子健康成长,更能增强农民工家庭对打工城市的融入感和归属感,农民工及其子女将来更有可能在当地定居。

2. 个人特征和身份认知特征

　　性别变量对农民工城镇定居意愿有显著的影响。由结果可知,性别变量对农民工在现工作地定居的影响系数为负,结果在1%的水平上显著,且相对风险比小于1。这说明相对于女性,男性不倾向于在现工作地定居,反而更愿意回家乡生活。这是因为和女性相比,男性在城市定居面临着更重的买房和养家的压力,更难在打工城市立足扎根。

　　农民工的婚姻状况对其在家乡乡镇和省内其他城市定居有显著的负向影响,结果都在1%的水平上显著且相对风险比小于1。与未婚的农民工相比,已婚农民工承担着更重的家庭经济压力,出于自身经济实力的考虑,不愿意冒风险去其他城镇生活,相对来说更愿意将来在家乡农村定居。

　　文化程度正向影响农民工城镇定居意愿和定居地的选择,表明受教育程度越高的农民工越倾向于在城镇定居。其中,文化程度对农民工定居家乡县城意愿的影响在5%的水平上显著,且随着教育水平的提高,农民工定居家乡县城/家乡农村的相对概率相对偏高6.5%;文化程度对农民工定居现工作地意愿的影响在5%的水平上显著,相对风险比为1.047,说明随着受教育年限的增加,农民工定居现工作地/家乡农村的相对概率偏高4.7%。此外,农民工文化程度对其将来去省内其他城市定居意愿在1%的显著水平上存在正向影响,相对概率增加了10.8%。文化程度较高的农民工人力资本水平更高,认为自己有足够的能力在城镇奋斗和生存,将来更有可能在城镇定居。

从农民工自我身份认知角度来看,认为自己是农村居民的农民工将来更倾向于返回家乡农村居住。认为自己是农村居民对在家乡县城和省内其他城市定居意愿的影响系数为负,回归结果分别在5%和1%的水平下显著,相对风险比都小于1。可见,尽管农民工在城镇务工和生活,但如果在城镇没有融入感和归属感,仍更倾向于回家乡农村生活。

3. 家庭特征和工作特征

打算带孩子进城教育对农民工在现打工地定居意愿在5%的显著水平上存在正向影响,相对风险比为1.228。准备带孩子进城上学意味着农民工具有一定的经济能力,可以负担孩子在城市上学的教育和生活费用,对孩子的发展有更高的期待和规划。同时也意味着农民工对现打工地的教育和生活更为认同,愿意长期在现打工地居住。

爱人没有外出打工会显著影响农民工在现打工地定居的意愿。回归结果表明,家庭中只有农民工自己外出打工会降低其在打工地的定居意愿,结果在1%的水平上显著,相对风险比小于1。可见,独自打工支撑家庭经济的农民工负担更重,更倾向于将来回老家农村定居。

农民工外出务工的年限对其城镇定居意愿有正向影响。其中,工作年限对农民工在家乡县城定居意愿在1%的水平上显著,相对风险比为1.256;外出务工年限对农民工在现工作地定居意愿的影响在1%的水平上显著,相对风险比为1.206。农民工的工作年限越长,工作经验越多,越不愿意返回家乡农村,更倾向于在城镇定居生活。

农民工换工作经验会提高其在其他城市定居的意愿,回归结果在5%的水平上显著,农民工定居其他城市/家乡农村的相对概率增加了69.8%。换工作次数多的农民工更愿意寻求更多的机会和可能性,不甘心回农村生活,更倾向于前往其他城市定居。

4. 工作地融入状况

有关农民工在打工地融入状况的变量中,在当地有朋友对农民工在现打工地定居的意愿存在正向影响,结果在1%的水平上显著,农民工选择在现打工地定居/家乡农村定居的相对概率是原来的1.529倍。在打工地有朋友说明农民工在打工城市建立了自己的人际关系网络,适应了当地生活,这无疑会增强农民工在当地定居的意愿。

在当地遇到问题时找政府寻求帮助的农民工更不倾向于在县城和现打工地定居,实证结果分别在1%和5%的水平上显著。找政府解决问题一般花费时间较长,程序较为复杂,遇到问题选择求助政府的农民工通常尚未在城市建立自己的人际关系和社会资本网络,无法找到熟人和朋友来帮助解决问题,在城市的融入度较低,所以不愿意将来在城市定居。另外,由回归结果可知,遇到问题求助政府能显著提高农民工在家乡乡镇的定居意愿,且相对风险比为1.445,即农民工选择在家乡乡镇定居/家乡农村定居的相对概率是原来的1.445倍,增加了44.5%。一般来讲,乡镇政府对于农民工来说可达性更高,遇到问题沟通起来更加容易,解决问题效率也比较高,与农村相比,乡镇在就业、生活、教育等方面更有优势,所以农民工相对来说更倾向于在乡镇定居。

(四)稳健性检验

本文使用另一多值选择模型Mprobit进行实证结果的检验,结果如表4所示,子女看护变量和各控制变量符号和显著性与前文一致,表明本文实证结果稳健。此外,本文根据Mlogit和Mprobit两个模型对农民工定居地的选择意愿概率进行预测,并对比两模型预测概率的相关性,如表5所示,两个模型预测概率高度一致,且相关系数皆在99%以上,证明本文结果稳健。

表4 稳健性检验结果

变量	家乡乡镇	家乡县城	现工作地	省内其他城市
父母看护	0.381***	0.407***	0.877***	0.354**
	(0.114)	(0.117)	(0.094)	(0.147)
兄弟姐妹看护	-1.381***	-1.727***	-1.726***	-1.632***
	(0.164)	(0.193)	(0.143)	(0.244)
住寄宿制学校	-0.354***	-0.519***	-0.297***	-0.539***
	(0.126)	(0.131)	(0.104)	(0.170)
自己看护	0.111	0.198	0.722***	0.220
	(0.120)	(0.120)	(0.097)	(0.150)
性别	-0.090	-0.079	-0.279***	-0.087
	(0.094)	(0.096)	(0.080)	(0.119)
婚姻状况	-0.329**	0.251	0.135	-0.505***
	(0.144)	(0.169)	(0.136)	(0.168)
文化程度	0.017	0.043**	0.033**	0.064***
	(0.017)	(0.018)	(0.015)	(0.021)
农村居民	-0.187	-0.323**	-0.161	-0.620***
	(0.135)	(0.135)	(0.117)	(0.149)
城市教育	-0.165	0.142	0.147*	0.118
	(0.094)	(0.094)	(0.079)	(0.117)
爱人没有打工	0.043	0.017	-0.249***	-0.192
	(0.103)	(0.105)	(0.090)	(0.136)
工作年限	-0.008	0.154***	0.139***	0.076
	(0.058)	(0.057)	(0.048)	(0.073)
换工作	0.041	0.134	-0.035	0.294**
	(0.096)	(0.099)	(0.081)	(0.127)
朋友	0.134	-0.044	0.300***	0.015
	(0.123)	(0.127)	(0.109)	(0.156)
求助政府	0.236**	-0.242*	-0.232**	-0.182
	(0.114)	(0.128)	(0.104)	(0.160)
对数似然值	-3431.7787	Prob>chi2	0.0000	
Wald chi2(56)	661.62			

注:＊＊＊、＊＊、＊分别表示解释变量在1%、5%、10%水平上具有显著性;括号内是标准误。

表5 Mlogit 和 Mprobit 模型预测结果相关性检验

Mprobit \ Mlogit	家乡农村	家乡县城	家乡乡镇	现打工地	其他城市
家乡农村	0.9995				
家乡县城		0.9977			
家乡乡镇			0.9986		
现打工地				0.9991	
其他城市					0.9969

五、结论和政策建议

（一）结论

扩大内需是保持经济增长的重要途径,推动更多农民工在城镇定居落户则是扩大内需的关键所在。不仅如此,农民工在城镇定居有利于促进城乡融合,倒逼城镇产业升级,不仅有利于城镇化健康发展,还对解决我国"三农"问题,推进乡村振兴战略有重大的意义。

本文基于农民工子女看护视角,使用 Mlogit 模型探究了安徽省在职农民工城镇定居意愿的影响因素,主要得出以下结论:

一是农民工子女看护方式对其城镇定居意愿有显著影响。由父母(岳父母)看护子女会显著提高农民工城镇定居意愿,尤其是增强其在现打工地定居的意愿。由兄弟姐妹看护子女和让子女住寄宿制学校会显著降低农民工在城镇的定居意愿,选择这两种看护方式的农民工更倾向于返回家乡农村定居。由农民工自己看护子女会显著提高农民工在现打工地定居的意愿,对其他定居地的选择影响不显著。

二是农民工的个人特征、身份认知特征、家庭特征、工作特征和工作地融入状况也会影响其城镇定居意愿。个人特征方面,和男性相比,女性农民工的城镇定居意愿更强,更倾向于在现打工地定居;与未婚的农民工相比,已婚的农民工有更低的城镇定居意愿;文化程度越高的农民工更愿意在城镇居住。身份认知方面,认为自己是农村居民的在职农民工更倾向于返回家乡农村居住。从家庭特征来看,准备带孩子接受城市教育的农民工有更高的城镇定居意愿,尤其是在现打工地定居的意愿更强;爱人没有外出打工的农民工有更低的城镇定居意愿,更愿意返回农村居住。从工作特征来看,农民工的工作年限越长,越倾向于在家乡县城和现打工地定居;有换工作经验的农民工有更强的城镇定居意愿,倾向于前往省内其他城市定居。从工作地融入状况来看,农民工在打工地有朋友会提高其在当地的定居意愿,而在当地遇到问题寻求政府帮助的农民工有较低的当地定居意愿,更愿意在家乡乡镇定居。

(二)政策建议

基于上述研究,为解决我国农民工切身关注的问题,减轻农民工在城镇的生存压力,提高农民工的城镇定居意愿,进而推进我国新型城镇化发展,促进城乡一体化,本文得出如下政策启示:

第一,完善子女看护社会服务体系,减轻农民工子女看护压力。由实证结果可知,子女看护对农民工城镇定居意愿存在显著影响。无论是留守儿童问题,还是随迁子女看护问题,这些如今已不仅是农民工家庭问题,更应是政府亟待解决的问题。由于农民工市民化相关配套政策滞后,受制于经济压力、社会关系网络等,许多农民工难以携带子女进城。作为家庭结构肢解化的承受者,留守儿童的教育、心理、生活、卫生等方面长期以来受到忽视,外出务工农民工对此十分挂心。另外,随父母进城的随迁子女同样面临诸多问题,在城镇务工农民工工作繁忙,往往无暇顾及随迁子女的学习生活,由于自身文化水平较低,难以辅导子女学习。因此,子女看护问题需要社会共同出力,才能得到妥善解决。

对于留守儿童的成长教育问题,各地政府在扎实有效地开展留守儿童关爱工作的同时,也应注意到留守儿童群体的内部分化。政府工作应着眼关键方面,明确各级责任主体,探索建立留守儿童关爱体系,让政府和社会能够各司其职,减轻外出农民工的后顾之忧。对于农民工随迁子女的生活教育问题,各地方政府可在学校或者相应社区安排场所让农民工子女一起做作业,由社区工作人员进行统一看护。也可根据当地情况,适当延长学校放学时间,减轻农民工的看护压力。

第二,为农民工父母提供情感关怀,解决其养老问题。实证结果表明,由父母(岳父母)看护子女的农民工城镇定居意愿更高,父母看护不仅能在一定程度上减轻农民工经济压力,与其他人看护相比,更能让农民工安心。但需要注意的是,农村老人自身同样面临生活照料缺失的问题。农民工家庭人口的城乡配置是为了降低家庭的生活成本,但老年人看护农民工子女的方式降低了老年人的生活水平。此外,农民工往城镇的流动弱化了农村家庭的养老功能,留守老人出于对子女的无私奉献精神,不仅需要供养自身、看护孙辈,有时甚至还要为子女提供经济援助,当今在外务工农民工无法为父母提供足够的身体照料和情感关怀,对留守父母的关心不够重视的情况较为普遍。即便是那些随子女进城养老的老年人也往往由于远离熟悉的农村环境,难以融入当地,因乡村依恋而产生消极情绪的情况也为数不少。

为解决农民工父母养老困境,地方政府应建设一批专业化、人性化的养老机构,并与老人子女和专业服务组织一起合作探索多元、有效、高质量的养老方案,解决留守老人的养老问题。对于随迁老人的养老和乡土依恋问题,当地社区可对老年人提供更多关怀,组织适合老年人的趣味活动,丰富其日常生活,让老人融入当地氛围。

第三,深化户籍制度改革,推动农民工定居意愿转换为落户行为。长期以来的二元户籍制度在一定程度上限制了农民工在城镇就业、住房、教育、医疗等方面与城镇居民享受相同待遇的权利,以往对城镇落户的限制措施如今成为经济社会发展的桎梏。因此,深化户籍制度改革应是推进新型城镇化、实现农民工市民化的重点内容。在改革方向上,政府应考虑逐渐剥离附着在城镇户籍上的教育、医疗、社保、住房等福利,让户籍回归到仅仅作为对人口进行登记管理的手段,化解由二元户籍导致的不平等,让农民工随迁子女能够享受和城市学生平等的教育服务。同时,户籍制度改革也要因地制宜,统筹推动大中小城市和小城镇协调发展,完善相关配套设施,保障农业转移人口的合法权益。

除户籍政策外,政府还应关注在城镇务工农民工落户行为的转化,尤其是针对有定居意愿却没有落户的农民工群体,针对其没有落户的内部和外部原因,解决相关重点和难点问题,切实推动农民工定居意愿及落户行为的转化。

参考文献:

[1]蔡昉.中国流动人口问题[M].郑州:河南人民出版社,2007.

[2]罗霞,王春光.新生代农村流动人口的外出动因与行动选择[J].浙江社会科学,2003(01):111-115.

[3]刘传江,程建林.双重"户籍墙"对农民工市民化的影响[J].经济学家,2009(10):66-72.

[4]谢云,曾江辉,夏春萍.农民工落户城镇意愿及影响因素调查——以湖北为例[J].调研世界,2012(09):28-31.

[5]段志刚,熊萍,"城市吸纳农民工容量及其演变规律"课题组.农民工留城意愿影响因素分析——基于我国七省市的实证研究[J].西部论坛,2010,20(05):37-43,51.

[6]张松彪,曾世宏,袁旭宏.农村居民谁更容易落户城镇:男性还是女性?——基于中国家庭动态跟踪调查数据的实证研究[J].农村经济,2019(05):128-136.

[7]李强,龙文进.农民工留城与返乡意愿的影响因素分析[J].中国农村经济,2009(02):46-54,66.

[8]罗遐.农民工定居城市影响因素的实证分析——以合肥市为例[J].人口与发展,2012,18(01):58-67+73.

[9]陈维涛,彭小敏.户籍制度、就业机会与中国城乡居民收入差距[J].经济经纬,2012(02):100-104.

[10]刘金凤,魏后凯.城市高房价如何影响农民工的定居意愿[J].财贸经济,202142(02):134-148.

[11]李楠.农村外出劳动力留城与返乡意愿影响因素分析[J].中国人口科学,2010(06):102-108,112.

[12]陈杰,郭晓欣,钟世虎.户籍歧视对农村流动人口城市定居意愿的影

响研究[J].社会科学战线,2021(02):89-96.

　　[13]杨成凤,柏广言,韩会然.流动人口的城市定居意愿及影响因素——以安徽省为例[J].世界地理研究,2020,29(06):1136-1147.

专栏三

农业生产

农业信息化、空间溢出效应与粮食增产①

易 风 殷 权

摘 要:本文依据我国31个省份(市、区)2005—2015年的面板数据,在利用熵值法测度各省份农业信息化水平的基础上,分别运用GIS空间分析、莫兰指数法以及双向固定效应的空间杜宾模型,探究农业信息化水平与粮食产量的时空差异与演变特征以及农业信息化对粮食增产的空间溢出效应。研究结果表明:①2005-2015年,我国的粮食生产能力稳定,粮食主产区省份之间的粮食生产表现出较强的合作关系,但对非粮食主产区省份的辐射带动作用不强。②2005—2015年,我国农业信息化水平在空间上呈现"东强西弱"的分布格局,且粮食主产区省份的农业信息化水平普遍较低,与其粮食生产能力并不匹配。③虽然我国农业信息化的高水平空间相关趋势不断增强,但大部分省份仍然处于低水平的空间相关,农业信息化仍然有巨大的发展潜力。④农业信息化在促进粮食增产方面不仅具有直接效应,还有较强的空间溢出效应,且农业信息化的空间溢出效应对粮食产量的提高作用约是直接效应的4.62倍。据此提出要加大粮食主产区省份与非粮食主产区省份之间的交流合作,加大对农业信息化建设的支持力度,将农业信息化建设重心向中西部地区进行适当倾斜,并着重加强粮食主产区省份农业信息化建设的政策

① 易风,安徽大学经济学院硕士研究生。研究方向为粮食安全。殷权,安徽大学经济学院硕士研究生。研究方向为农业产业组织。

建议。

关键词：农业信息化；粮食产量；空间溢出效应；时空差异；演变特征

"民以食为天"，保障国家粮食安全是一个永恒的话题。自改革开放以来，我国农业发展迅速，以不到世界9%的耕地养活了占世界近22%的人口，为世界粮食安全贡献了巨大力量，并有力地回答了"谁来养活中国"的问题。特别是在2004—2015年，我国粮食总产量实现了惊人的"十二连增"，累计增产22990.74万吨。然而，在当前的新形势下，尽管我国粮食供给总体比较充裕，且人均粮食产量已经连续7年保持在450公斤以上，但由于耕地减少及质量下降，以及因撂荒、休耕、土地流转等导致的播种面积减少和严重的非粮化趋势，使得我国粮食安全也存在着潜在风险。因而，研究驱动粮食产量变化的影响因素仍然具有重要的现实意义。

现阶段，我国学者在粮食产量连增的背景下，从不同角度切入探究了影响粮食产量变化的具体原因，并认为生产要素投入、农业基础设施建设、农业机械化水平、财政支农支出、技术进步、农村劳动力流动以及结构老龄化、粮食补贴政策、气候变化、自然灾害等是影响我国粮食产量的重要因素。

然而，除上述所探讨的因素外，农业信息化的作用也不容忽视。我国农业信息化建设起步较晚，但随着近年来国家对农业信息化建设的重视程度逐步提高，特别是在2007年，"中央一号文件"中明确提出要加快农业信息化建设，用信息技术装备农业后，农业信息化与农民农业生产之间的关系变得越来越密切。理论上讲，一方面，农业信息化水平的提高，有助于优化农业生产要素配置，提高农业生产中土地、劳动力等生产要素的使用效率，进而提高粮食产量；另一方面，农业信息化水平的提高，还有助于农业创新在农业生产中的扩散，从而促进农业生产过程中的技术进步，进而实现信息化向农业生产力的转化，驱动粮食产量增加。但从农业信息化角度研究粮食增产的文献还较为鲜见。

此外，若要探讨农业信息化对粮食产量的影响，还必须关注粮食生产的聚集性以及信息的传播性特征。随着区域之间交流合作的加强，产业间呈现出聚集性特征,因而本省的粮食生产与邻近省份的粮食生产密切相关,并且信息在空间范围内具有传播性,因而本省粮食产量的增加,不仅会受到本省份农业信息化水平的直接影响,还应与邻近省份农业信息化水平的空间溢出效应有关。若忽略这种空间上的相互影响,将导致估计结果有误,随着近些年新经济地理学的崛起,空间计量模型的出现,为克服上述问题提供了解决思路。

鉴于此,本文依据我国 2005—2015 年 31 个省市区(未包含香港、澳门和台湾)的面板数据,在综合测度各省份农业信息化水平的基础上,运用 GIS 空间分析以及莫兰指数法,分析农业信息化水平与粮食产量的时空差异与演变特征,进一步构建空间杜宾模型,探究农业信息化对粮食产量影响的空间溢出效应。与以往研究相比,本文可能的贡献在于:首先,本文从农业信息化角度,探究了驱动粮食增产的影响因素;其次,本文分析了我国农业信息化水平以及粮食产量的时空差异与演变特征,可为优化农业信息化建设,构建合理的粮食生产格局,提供相关经验支撑;再次,本文关注了信息的传播性以及农业生产的聚集性特征,运用空间杜宾模型分析了农业信息化对粮食产量影响的直接效应与空间溢出效应,并获得更为严谨的估计结果。

一、研究方法

(一)农业信息化水平测算

由于熵值法能够真实客观地反映各项指标变异程度,并有效避免人为赋予权重所造成的评价偏差,因此本文借鉴韩海彬和张莉的研究,采用熵值法对各省份的农业信息化水平进行测算,其测算过程如下所示。

(1)标准化处理

$$x_{iks} = \frac{x_{ik} - min(x_{ik})}{max(x_{ik}) - min(x_{ik})} \tag{1}$$

上式中,x_{iks} 为标准化后的数据值,x_{ik} 为第 i 个省份第 k 项指的原始数据值,$min(x_{ik})$ 和 $max(x_{ik})$ 分别表示第 i 个省份第 k 项指标中的最小值和最大值。

（2）计算指标权重

$$y_{ik} = \frac{x_{iks}}{\sum\limits_{i=1}^{I} x_{iks}} \tag{2}$$

上式中，y_{ik} 表示第 i 个省份第 k 项指标中的权重，I 为省份数目。

（3）计算信息熵与效用值

$$\begin{cases} e_k = (-1/lnS) \sum\limits_{i=1}^{I} y_{ik} lny_{ik} \\ F_k = 1 - e_k \end{cases} \tag{3}$$

上式中，e_k 和 F_k 分别为第 k 项指标的信息熵和效用值。

（4）计算综合得分

$$\begin{cases} v_k = F_k / \sum\limits_{k=1}^{K} F_k \\ P_i = \sum\limits_{k=1}^{K} v_k y_{ik} \end{cases} \tag{4}$$

上式中，v_k 为第 k 项指标效用值的权重，K 为农业信息化水平的指标数目，P_i 为第 i 个省份的农业信息化综合得分，该值越大，说明该省份农业信息化水平越高。

（二）空间计量模型构建

1. 空间相关性检验

各省份之间的粮食产量和农业信息化水平存在空间相关性是构建空间计量模型的前提。现有研究大多采用全域 $Moran's I$ 进行检验，其表达式为：

$$Moran's I = \frac{\sum\limits_{i=1}^{n} \sum\limits_{j=1}^{n} w_{ij}(Z_i - \overline{Z})(Z_j - \overline{Z})}{S^2 \sum\limits_{i=1}^{n} \sum\limits_{j=1}^{n} w_{ij}} \tag{5}$$

式中，$S^2 = \frac{1}{n} \sum\limits_{i=1}^{n}(Z_i - \overline{Z})$，$\overline{Z} = \frac{1}{n} \sum\limits_{i=1}^{n} Z_i$。$Z$ 为省份的属性观察值，n 为省份个数，w 为空间权重矩阵。$Moran's I$ 的取值区间为 $[-1, 1]$，取值越接近于 1，说明存在空间正相关；取值越接近于 -1，说明存在空间负相关，i 和 j 分别表示具

有空间邻近关系的两个省份。若要进一步探讨某一属性在局部的空间相关性情况,可采用局部 $Moran'sI$ 进行分析,当局部 $Moran'sI$ 大于 0 时,表示同一类型属性的空间相关性;当局部 $Moran'sI$ 小于 0 时,表示不同类型属性的空间相关性,其绝对值越大,空间相关性越强。具体的表达式为:

$$Moran'sI = \frac{(Z_i - \bar{Z}) \sum_{j=1}^{n} w_{ij}(Z_j - \bar{Z})}{S^2} \quad (6)$$

2. 空间权重矩阵

空间权重矩阵是体现省份之间空间邻近关系的集合,现有研究一般采用地理邻接的空间权重矩阵或地理距离的空间权重矩阵,两类矩阵在性质上并不存在太大差异,因而本研究拟采用地理邻接空间权重矩阵进行具体的空间计量分析,并用地理距离的空间权重矩阵验证估计结果的稳健性。地理邻接的空间权重矩阵和地理距离的空间权重矩阵的表达式为:

$$w_{ij} = \begin{cases} 1, 若 i 与 j 存在共同边界 \\ 0, 若 i 与 j 不存在共同边界 \end{cases} \quad (7)$$

$$w_{ij} = \begin{cases} 1/d_{ij}, 若 i 与 j 不重合 \\ 0, 若 i 与 j 重合 \end{cases} \quad (8)$$

式中,(2)和(3)分别表示省份之间的地理邻接空间权重矩阵和地理距离空间权重矩阵中各省份之间邻近关系的元素值,d 为省会之间的直线距离。

3. 模型构建

空间计量模型主要包括空间滞后模型、空间误差模型以及空间杜宾模型,其具体表达式为:

$$Y_{it} = \rho \sum_{j=1}^{n} w_{ij}Y_{jt} + \beta \sum_{j=1}^{n} w_{ij}X_{jt} + \theta X_{it} + u_{it} \quad (9)$$

$$u_{it} = \lambda \sum_{j=1}^{n} w_{ij}u_{jt} + \varepsilon_{it}$$

式中,Y 为粮食产量,ρ 为粮食产量的空间自回归系数。X 为一系列影响粮食产量的控制变量，θ 和 β 分别为控制变量估计系数和空间自回归系数，u 为 的残差项，λ 为残差项的空间自回归系数，ε 为其随机干扰项，下标 t 为年份。

若 $\rho \neq 0$，而 $\lambda = 0$，$\beta = 0$，为空间滞后模型（Spatial Lag Model，SLM），其具体表达式为：

$$Y_{it} = \rho \sum_{j=1}^{n} w_{ij} Y_{jt} + \theta X_{it} + u_{it} \tag{10}$$

若 $\lambda \neq 0$，而 $\rho = 0$，$\beta = 0$，为空间误差模型（Spatial Error Model，SEM），其具体表达式为：

$$Y_{it} = \theta X_{it} + u_{it}$$
$$u_{it} = \lambda \sum_{j=1}^{n} w_{ij} u_{jt} + \varepsilon_{it} \tag{11}$$

若 $\rho \neq 0$，$\beta \neq 0$，而 $\lambda = 0$，为空间杜宾模型（Spatial Durbin Model，SDM），其具体表达式为：

$$Y_{it} = \rho \sum_{j=1}^{n} w_{ij} Y_{jt} + \beta \sum_{j=1}^{n} w_{ij} X_{jt} + \theta X_{it} + u_{it} \tag{12}$$

然而，是否可以构建空间杜宾模型，需要对其模型选择的适用性进行检验。借鉴 Mur 和 Angulo、Elhorst 的研究，一般顺序为：首先，对普通面板模型进行空间滞后或空间误差 LM 检验和 $Robust - LM$ 检验，判断空间滞后模型或空间误差模型是否要优于普通面板模型；其次，在空间滞后模型或空间误差模型优于普通面板模型的基础上，再进行空间滞后模型或空间误差模型的 LR 检验和 $Wald$ 检验，判断空间杜宾模型是否可以退化为空间滞后模型或空间误差模型；再次，若可建立空间杜宾模型，再对空间杜宾模型进行 $Hausman$ 检验，判断应建立固定效应空间杜宾模型还是随机效应空间杜宾模型。此外，若可以构建空间杜宾模型，又可进一步采用偏微分方法，将其估计系数分解为直接效应和空间溢出效应，并得到总效应（直接效应与空间溢出效应之和），具体方法可详见 Lesage 和 Pace 的研究，不再对此进行详细的赘述。

二、数据说明

（一）变量选取

1. 被解释变量与核心解释变量

本文主要是研究农业信息化对粮食产量的影响，因而选取各省份的粮食总产量作为被解释变量，单位为亿吨。本文的核心解释变量为农业信息化水平。现阶段对于农业信息化水平的测度并没有一套完整的方法和标准，但农民多样化的信息接收途径是农业信息化的基础性支撑，因而大多数研究选择农村居民所拥有的各类信息获取硬件基础设备数量作为衡量农业信息化的指标体系。鉴于此，本文参照《国家信息化发展报告》的指标体系，在充分考虑相关数据可得性的基础上，选取农村每百户居民的移动电话拥有量（部/百人）、计算机拥有量（台/百人）、彩色电视机拥有量（台/百人）、农村投递路线总长度（公里）、农村居民人均交通通讯费用支出（元/人）构建衡量农业信息化水平的指标体。

2. 控制变量

本文在相关研究的基础上，选择财政支农支出、城镇化率、农村人力资本水平、人均耕地面积、农业机械化水平作为影响粮食产量的控制变量。其中，财政支农支出采用国家财政支出项中与农业相关的支出总和进行取值，单位为百亿元；城镇化率用城镇人口占总人口的比重进行取值，单位为%；农村人力资本水平按照国家所划分的文盲及半文盲、小学、初中、高中或中专、大专及以上五类劳动力受教育程度统计口径，分别对应 0 年、6 年、9 年、12 年和 15.5 年的受教育年限，计算出各省份农村劳动力的平均受教育年限，以此对其进行取值，单位为年；人均耕地面积用农作物播种总面积与第一产业从业人员的比值进行取值，单位为亩/人；农业机械化水平用农业机械总动力进行取值，单位为千万千瓦时。

（二）数据来源与描述性统计

本文选取我国 2005—2015 年 31 个省市区（未包含香港、澳门以及台湾）的面板数据进行分析。各省份人均耕地面积数据来自于"中国三农数据库"，除此之外，其他各变量数据均来自于《中国统计年鉴》《中国农村统计年鉴》以及

《中国农业年鉴》,各省份的统计年鉴起到对数据缺失值进行填补的作用,各变量的描述性统计情况如表 1 所示。

表 1　变量描述性统计

类型	变量	均值	标准差	最小值	最大值
被解释变量	粮食总产量	1.833	1.576	0.063	7.616
核心解释变量	农业信息化水平	0.284	0.186	0.056	0.886
控制变量	人均耕地面积	8.754	4.527	3.493	31.455
	农村人力资本水平	8.151	1.161	2.973	10.730
	城镇化率	50.770	14.581	22.612	89.618
	财政支农支出	2.615	2.069	0.096	10.086
	农业机械化水平	2.944	2.851	0.095	13.352
农业信息化评价指标	农村居民人均交通通信费用支出	609.395	433.691	79.261	2564.102
	农村投递路线长度	118575.104	70900.312	4987.082	272355.281
	每百户农村居民移动电话拥有量	148.008	64.838	7.302	281.527
	每百户农村居民彩电拥有量	109.161	21.557	48.541	198.002
	每百户农村居民计算机拥有量	13.897	15.143	0.168	75.012

三、结果分析

(一)粮食产量变化趋势及农业信息化水平空间分布特征分析

为能更全面地描述我国粮食产量的变化特征,本文绘制了全国及各区域平均粮食产量的变化趋势图,如图 1 所示。从全国层面来看,我国年均粮食产量变化呈现出逐年递增的趋势,且并未出现较大波动,这说明在 2005—2015 年我国保持了较为稳定的粮食生产能力。从区域层面来看,各区域的平均粮食产量均呈现逐年递增的趋势,且中部的平均粮食产量要远远大于东部和西部,其原因在于中部是我国重要的粮食主产区,具有保障国家粮食安全的责任;东部与西部相比而言,西部的平均粮食产量要略高于东部,东部的平均粮食产量最低,这是因为东部大多省份是我国的粮食主销区,经济较为发达,且对粮食的需求较大,但粮食的自给率较低,而西部的大多省份是我国粮食的产销平衡区,其粮食自给率要略高于东部。综合而言,在 2005—2015 年我国的粮食生产能力呈现稳定的逐年增长态势,且东部、中部、西部均在保障我国粮食安全中较好地承担了各自的职责。

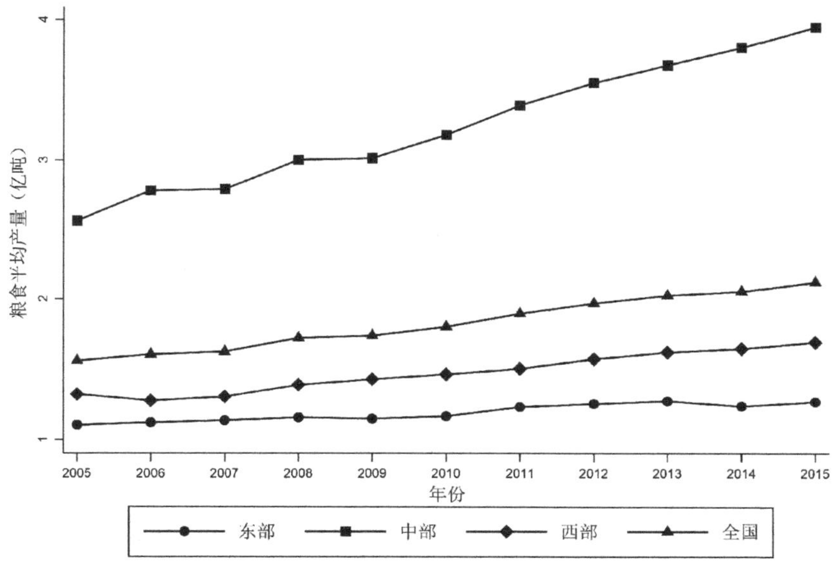

图 1 2005—2015 年平均粮食产量的变化趋势

本文使用 ArcGIS 10.0 软件,采用自然间断点法对 2005、2010、2015 年我国农业信息化水平进行渲染,得到 2005、2010、2015 年我国农业信息化水平的空间分布格局。就整体而言,2005、2010、2015 年我国农业信息化水平按东、中、西依次递减。就单个省份而言,北京、山东、江苏、上海、浙江、福建以及广东始终处于较高的农业信息化水平,而新疆、青海、西藏、甘肃、山西、宁夏、重庆、云南、广西、贵州以及海南却始终处于较低的农业信息化水平,这说明较高农业信息化水平的省份主要分布在东部沿海地区,而较低农业信息化水平的省份主要分布在西部地区,这意味着我国农业信息化水平呈现"东强西弱"的分布格局。

从 2010 年的农业信息化水平空间分布格局来看,相比于 2005 年,陕西、内

119

蒙古、四川、黑龙江、河南、安徽由处于较低的农业信息化水平上升到中等的农业信息化水平,而天津却从较高的农业信息化水平退出到中等的农业信息化水平,江西从中等的农业信息化水平退出到较低的农业信息化水平。从 2015 年的农业信息化水平空间分布格局来看,相比于 2010 年,天津从中等的农业信息化水平上升到较高的农业信息化水平,吉林从较低的农业信息化水平上升到中等的农业信息化水平,河北、湖北以及天津从中等的农业信息化水平上升到较高的农业信息化水平,但四川、陕西、黑龙江以及辽宁从中等的农业信息化水平退出到较低的农业信息化水平。这意味着从 2005 至 2015 年,在我国 13 个粮食主产区省份[①]中,除山东和江苏两个沿海省份之外,仅仅湖北和河北实现了从中等农业信息化水平到较高农业信息化水平的跨越,而大部分粮食主产区省份的农业信息化水平仍然处于中等及以下,表现出粮食生产能力与农业信息化发展不匹配的特征。

（二）空间相关性分析

1. 全域空间相关性分析

粮食总产量与农业信息化水平的全域空间相关性检验结果如表 2 所示。检验结果表明,2000—2015 年粮食总产值量的 *Moran'sI* 均为正,且均通过至少 5%水平的显著性检验,这表明在 2000—2015 年,我国各省份之间的粮食产量具有空间正相关性。同时,2000—2015 年农业信息化水平的 *Moran'sI* 也均为正,且均通过 1%水平的显著性检验,这表明在 2000—2015 年间,我国各省份之间的农业信息化水平同样具有空间正相关性。综上结果表明,在 2000-2015 年间,整体上我国各省份之间的粮食总产量和农业信息化水平在地理空间上均表现为相互促进空间相互作用。

---

① 一般是指辽宁省、河北省、山东省、吉林省、内蒙古自治区、江西省、湖南省、四川省、河南省、湖北省、江苏省、安徽省、黑龙江省,共 13 个省份。

表 2　全域空间相关性检验

年份	粮食总产量		农业信息化水平	
	Moran'sI	Z 值	*Moran'sI*	Z 值
2005	0.236**	2.266	0.273***	2.856
2006	0.266***	2.532	0.366***	3.634
2007	0.256***	2.449	0.395***	3.818
2008	0.268***	2.548	0.335***	3.292
2009	0.236**	2.281	0.343***	3.334
2010	0.246***	2.380	0.386***	3.671
2011	0.264***	2.537	0.479***	4.411
2012	0.276***	2.638	0.523***	4.765
2013	0.289***	2.758	0.519***	4.705
2014	0.282***	2.710	0.455***	4.153
2015	0.294***	2.813	0.452***	4.198

注:***、**、*分别表示在1%、5%、10%的水平下显著。

2. 局部空间相关性分析

本文进一步对粮食产量以及农业信息化水平的局部空间相关性进行了分析,并绘制了 2005、2010、2015 年粮食产量及农业信息化水平的局部莫兰指数散点图,如图 2 所示。散点图分为四个象限,第一象限为高高聚集(H-H),表示本地区与相邻地区的属性水平均较高,表现为高水平的空间相关;第二象限为低高聚集(L-H),表示本地区属性水平较低而相邻地区的属性水平均较高,表现为本地区受相邻地区属性辐射的空间相关;第三象限为低低聚集(L-L),表示本地区与相邻地区的属性水平均较低,表现为低水平的空间相关;第四象限为高低聚集(H-L),表示本地区属性水平较高而邻近地区属性水平较低,表现为本地区向相邻地区辐射的空间相关。

从粮食产量的局部莫兰指数散点分布来看,2005、2010、2015 年大多数省份处于 H-H 聚集和 L-L 聚集,这说明我国粮食生产具有明显的空间分化特征,位于 H-H 聚集的省份大多位于我国的粮食主产区,这些省份的地理位置优越,粮食生产能力较强,而位于 L-L 聚集的省份大多位于西部地区,这些省份的地理位置较差,粮食生产能力较弱。位于 H-L 聚集和 L-H 聚集的省份较少,这意味着目前我国粮食生产合作更多是粮食主产区省份之间的合作,而对于非粮食主产区省份的辐射,或者非粮食主产区省份所受到的辐射作用不强。同时,这些粮食主产区省份间的强强合作,甚至还对一些急需辐射带动的非粮食主产区省份产生了一定的排挤作用。例如,在2005年,上海、浙江、广西以及贵州位于L-H聚集,从空间相关关系来看,这些省份需要邻近粮食生产能力强的省份充分发挥带动作用;而在2010年,贵州从L-H聚集进入L-L聚集,剩余三个省份都出现了向第三象限移动的趋势;再到2015年,剩余三个省份均从L-H聚集进入L-L聚集,从受相邻地区属性辐射的空间相关变为低水平的空间相关。这意味着,我国粮食主产区省份对于邻近省份粮食生产的辐射带动作用有待增强。

从农业信息化水平的局部莫兰指数散点分布来看,2005、2010、2015年大多数省份处于L-L聚集,这说明我国整体的农业信息化的发达程度还不高,大多数省份处于低水平的空间相关,且这些省份大多分布在我国中部和西部地区。但随着时间推移,处于H-H聚集的省份逐渐增加,表现出农业信息化的高水平空间相关逐步增强的趋势。具体而言,在2005年,处于H-H聚集的省份只有天津、上海、江苏、浙江以及福建,共5个省份;在2010年,山东和河北分别从H-L聚集和L-H聚集进入到H-H聚集,而天津却由H-H聚集退出到L-H聚集,处于H-H聚集的省份增加至6个,再到2015年,北京由H-L聚集进入H-H聚集,同时天津再次返回H-H聚集,处于H-H聚集的省份增加至8个。整体而言,虽然我国农业信息化的高水平空间相关不断增强,但仍有大部分省份处于低水平的农业信息化空间相关,这些处于L-L聚集的省份的农业信息化水平有待进一步提高。

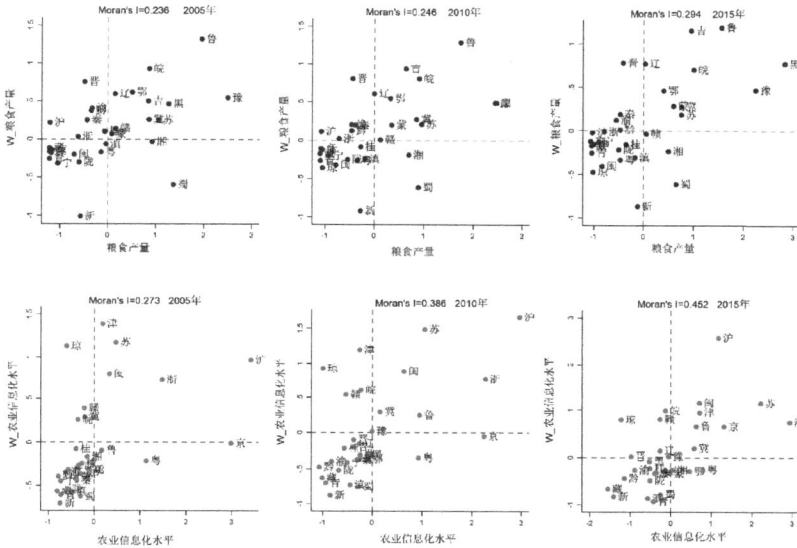

图 2   2005、2010、2015 年粮食产量及农业信息化水平的局部莫兰指数散点图

（三）空间计量模型的估计结果

空间相关性检验的结果已经分别说明粮食总产量与农业信息化水平在省份之间存在空间相关性，这是构建空间计量模型的前提。然而，选择何种类型的空间计量模型还需要进行相关的适用性检验，检验结果如表 3 所示。$Robust - LM(SLM)$ 和 $Robust - LM(SEM)$ 的检验结果均显著拒绝了普通面板模型优于空间滞后模型或空间误差模型的原假设，即认为应该建立空间滞后模型或空间误差模型，但 $LM(SLM)$ 相比于 $LM(SEM)$，$LM(SLM)$ 检验结果并未通过显著性检验，这说明空间误差模型要优于空间滞后模型。进一步又发现，$LR(SLM)$、$Wald(SLM)$、$LR(SEM)$、$Wald(SEM)$ 的检验结果均分别显著拒绝空间杜宾模型可以退化为空间滞后模型或空间误差模型的原假设，因此空间杜宾模型要优于空间滞后模型或空间误差模型。最后，$Hausman(SDM)$ 的检验结果显著拒绝了建立随机效应空间杜宾模型的原假设，即应建立固定效应空间杜宾模型。

表 3　空间计量模型的适用性检验

统计量	统计值	P 值
$LM(SLM)$	1.268	0.260
$Robust - LM(SLM)$	17.742***	0.000
$LM(SEM)$	20.552***	0.000
$Robust - LM(SEM)$	37.026***	0.000
$LR(SLM)$	71.94***	0.000
$Wald(SLM)$	86.84***	0.000
$LR(SEM)$	56.01***	0.000
$Wald(SEM)$	104.37***	0.000
$Hausman(SDM)$	82.17***	0.000

注：***、**、*分别表示在 1%、5%、10%的水平下显著。

依据 Lee 和 Yu 的研究,固定效应空间杜宾模型又可分为空间固定效应空间杜宾模型、时间固定效应空间杜宾模型以及双向固定效应空间杜宾模型,三种固定效应空间杜宾模型的估计结果如表 4 所示。具体需要构建哪一种固定效应空间杜宾模型需要通过 LR 检验予以判断。$LR(Ind - SDM)$ 或 $LR(Time - SDM)$ 检验结果均显著拒绝双向固定效应空间杜宾模型可退化为空间固定效应空间杜宾模型或时间固定效应空间杜宾模型的原假设,即双向固定效应空间杜宾模型是最优模型。因此,本文对估计结果的分析是基于双向固定效应空间杜宾模型。估计结果显示,粮食产量的空间滞后项的估计系数为 0.426,且在 1%水平下显著,这说明地理邻近省份粮食产量的提高会促进本省份粮食产量的提高,呈现正相关关系,这与空间相关性检验的结果一致。其原因在于,随着省份之间合作交流的加强,其农业生产在地理空间上具有聚集性特征,这种聚集性特征对省份之间粮食产量的提高具有带动作用。农业信息化水平的估计系数为 0.564,且通过了 5%的显著性水平检验,这说明本省份农业信息化水平的提高可促进本省份粮食产量的提高,其原因在于农业信息化能够优化农民的生产要素配置,并促进农业技术创新在农业生产中扩散,进而起到增产效应。同时,农业信息化水平的空间滞后项估计系数为 2.239,且通过了 1%的显著性水平检验,这表明邻近省份的农业信息化水平也有助于促进本省份粮食产量的增加,

NONGYE JINGJI YANJIU DI BA QI ■

这是由于信息的传播性能够加速农业生产要素以及技术创新在省份之间的流动,从而使邻近省份的农业信息化在驱动粮食增产过程中产生强的空间溢出效应,进而带动了本省份粮食的增产。

人均耕地面积的估计系数为 0.689,且通过了 1% 的显著性水平检验,这说明人均耕地面积的增加有助于本省份的粮食增产,其原因在于耕地是农业生产中重要的生产投入要素之一,耕地资源越丰富,粮食产量越高;而人均耕地面积的空间滞后项估计系数为 -0.551,且通过了 1% 的显著性水平检验,这说明邻近省份人均耕地面积的增加阻碍了本省份粮食产量的增加,这是由于我国人多地少,在有限的耕地资源内,邻近省份人均耕地资源的增加意味着邻近省份的人口更多地流向了本省份,导致本省份的人均耕地资源变得相对稀缺,从而不利于粮食产量增加。农村人力资本的估计系数为 -0.22,且通过了 1% 的显著性水平检验,这说明人力资本水平的提高不利于本省份粮食产量的增加,其原因在于随着现在非农化趋势的加剧,受教育程度较高的农村劳动力其从事农业生产的积极性较低,因而不利于粮食增产;农村人力资本的空间滞后项的估计系数并未通过显著性检验。城镇化率的估计系数为 -0.009,且通过了 10% 的显著性水平检验,这说明城镇化率的提高阻碍了本省份的粮食产量增加,这是由于城镇化率的提高,导致更多的农村人口流向城市,农村劳动力数量降低,因而不利于粮食增产;城镇化率的空间滞后项估计系数并未通过显著性检验。财政支农支出的估计系数与其空间滞后项系数均未通过显著性检验。此外,农业机械总动力的估计系数为 0.341,且通过了 1% 的显著性检验,但其空间滞后项的估计系数并未通过显著性检验,这说明农业总机械动力的提高有助于提高本省的粮食产量,但邻近省份的农业总机械动力提高并未对本省份的粮食产量产生明显影响,其原因在于,农业机械化水平越高的省份,越有助于节省劳动时间,提高劳动力生产率,并保障收粮的及时性,避免种粮损失,进而起到保障粮食产量增加的作用,但由于农业机械跨区服务的成本较高,其空间溢出效应并不明显,这与伍骏骞等的研究结论相吻合。

表4 空间杜宾模型估计结果

变量	空间固定效应空间杜宾模型	时间固定效应空间杜宾模型	双向固定效应空间杜宾模型
农业信息化水平	0.327	-1.052***	0.564**
	(0.218)	(0.399)	(0.245)
人均耕地面积	0.714***	0.253***	0.689***
	(0.085)	(0.0614)	(0.084)
农村人力资本	-0.190**	0.116**	-0.220***
	(0.075)	(0.053)	(0.075)
城镇化率	-0.008	0.007	-0.009*
	(0.005)	(0.007)	(0.005)
财政支农支出	0.0307*	0.329***	-0.002
	(0.016)	(0.040)	(0.019)
农业机械总动力	0.313***	0.353***	0.341***
	(0.032)	(0.025)	(0.033)
W*粮食总产量	0.525***	0.285***	0.426***
	(0.057)	(0.077)	(0.065)
W*农业信息化水平	1.656***	2.072***	2.239***
	(0.404)	(0.774)	(0.507)
W*人均耕地面积	-0.570***	0.287***	-0.551***
	(0.106)	(0.0893)	(0.123)
W*农村人力资本	0.179	0.042	-0.046
	(0.122)	(0.120)	(0.159)
W*城镇化率	-0.058***	-0.008	-0.066***
	(0.011)	(0.013)	(0.011)
W*财政支农支出	0.027	-0.041	-0.056
	(0.022)	(0.0796)	(0.036)
W*农业机械总动力	0.005	-0.153***	0.024
	(0.066)	(0.049)	(0.074)
样本量	341	341	341
R^2	0.562	0.666	0.430
$LR(Ind-SDM)$	21.96**	—	—
	(0.016)		
$LR(Time-SDM)$	—	925.11***	—
		(0.000)	

注:***、**、*分别表示在1%、5%、10%的水平下显著,估计系数括号内数字为标准误差,LR检验括号内数字为P值。

　　由于空间杜宾模型的估计系数包含了邻近省份各变量之间相互影响的反馈效应,其数值只能体现作用方向,但不能体现作用大小。因而,要探究各变量对粮食产量影响的直接效应与空间溢出效应大小,需要借助偏微分方法,剔除反馈效应的影响。基于双向固定效应的空间杜宾模型的效应分解结果如表5所示。结果显示,本省份农业信息化水平对本省粮食增产的直接效应为0.873,空间溢出效应为4.042,且空间溢出效应约为直接效应的4.62倍,这表明农业信息化的空间溢出效应在带动粮食增产方面的作用巨大。

表5　空间杜宾模型的效应分解

变量	直接效应	空间溢出效应	总效应
农业信息化水平	0.873***	4.042***	4.915***
	(0.294)	(0.956)	(1.193)
人均耕地面积	0.654***	-0.420***	0.234
	(0.077)	(0.159)	(0.155)
农村人力资本	-0.228***	-0.208	-0.436*
	(0.072)	(0.238)	(0.259)
城镇化率	-0.018***	-0.114***	-0.132***
	(0.005)	(0.021)	(0.023)
财政支农支出	-0.008	-0.091	-0.099
	(0.021)	(0.061)	(0.077)
农业机械总动力	0.363***	0.281	0.644***
	(0.034)	(0.177)	(0.129)

注:***、**、*分别表示在1%、5%、10%的水平下显著,括号内数字为标准误差。

(四)稳健性检验

　　本文将地理邻接矩阵更换为地理距离矩阵后,空间固定效应空间杜宾模型、时间固定效应空间杜宾模型以及双向固定效应空间杜宾模型的估计结果如表6所示。估计结果显示, $LR(Ind-SDM)$ 或 $LR(Time-SDM)$ 检验结果均显著拒绝双向固定效应空间杜宾模型可退化为空间固定效应空间杜宾模型或时间固定效应空间杜宾模型的原假设,即双向固定效应空间杜宾模型是最优模型。因此,从更换地理距离权重矩阵的双向固定效应空间杜宾模型估计结果来看,农业信息化无论是估计系数,还是其空间滞后项的估计系数均与上文的显著性和作用方向一致,且粮食产量的空间滞后项估计系数的显著性和作用方向也与前文估计结果较为吻合。因此,证实上文的估计结果是稳健的。

表6　稳健性检验

变量	空间固定效应 空间杜宾模型	时间固定效应 空间杜宾模型	双向固定效应 空间杜宾模型
农业信息化水平	0.066*** (0.023)	-0.011 (0.038)	0.098*** (0.023)
人均耕地面积	0.059*** (0.008)	0.039*** (0.004)	0.051*** (0.007)
农村人力资本	-0.014* (0.008)	0.012** (0.005)	-0.012* (0.007)
城镇化率	-0.133** (0.055)	0.089 (0.064)	-0.154*** (0.051)
财政支农支出	0.004** (0.002)	0.026*** (0.003)	0.001 (0.002)
农业机械总动力	0.031*** (0.003)	0.037*** (0.002)	0.034*** (0.003)
W*粮食总产量	0.315*** (0.080)	0.619*** (0.069)	0.024** (0.011)
W*农业信息化水平	0.310*** (0.047)	0.016 (0.076)	0.412*** (0.048)
W*人均耕地面积	-0.072*** (0.014)	0.015 (0.012)	-0.072*** (0.016)
W*农村人力资本	0.016 (0.014)	0.023 (0.018)	0.009 (0.018)
W*城镇化率	-1.466*** (0.183)	-0.225* (0.135)	-2.316*** (0.210)
W*财政支农支出	0.017*** (0.003)	0.022** (0.009)	0.007* (0.004)
W*农业机械总动力	0.019** (0.009)	-0.035*** (0.006)	0.033*** (0.011)
样本量	341	341	341
R^2	0.308	0.372	0.212

续表

变量	空间固定效应 空间杜宾模型	时间固定效应 空间杜宾模型	双向固定效应 空间杜宾模型
$LR(Ind-SDM)$	66.77*** (0.000)	—	—
$LR(Time-SDM)$	—	886.33*** (0.000)	—

注:***、**、*分别表示在 1%、5%、10%的水平下显著,估计系数括号内数字为标准误差,LR 检验括号内数字为 P 值。

四、结论与政策建议

本文依据我国 31 个省(市、区)2005—2015 年的面板数据,在利用熵值法测度各省份农业信息化水平的基础上,运用 GIS 空间分析和莫兰指数法分析农业信息化水平与粮食产量的时空差异与演变特征,进一步在对空间计量模型进行适应性选择后,采用双向固定效应的空间杜宾模型,探究农业信息化对粮食增产的空间溢出效应。研究结果表明:第一,2005—2015 年我国的粮食生产能力稳定,粮食主产区省份之间的粮食生产表现出较强的合作关系,但对非粮食主产区省份的辐射带动作用不强;第二,我国农业信息化水平在空间上呈现"东强西弱"的分布格局,且粮食主产区省份的农业信息化水平普遍较低,与其粮食生产能力并不匹配;第三,虽然我国农业信息化的高水平空间相关趋势不断增强,但大部分省份仍然处于低水平的空间相关,农业信息化仍然有巨大的发展潜力;第四,农业信息化在促进粮食增产方面不仅具有直接效应,还有较强的空间溢出效应,且农业信息化空间溢出效应对粮食产量的提高作用约是直接效应的 4.62 倍。

依据本文的主要研究结论,提出如下政策建议:第一,国家应进一步加强粮食主产区省份与非粮食主产区省份的交流与合作,积极引导粮食主产区省份的技术或人才向非粮食主产区省份扩散,提高强粮食主产区省份在粮食生产方面的辐射带动作用。第二,农业信息化在带动粮食生产方面不仅有直接的增产效应,还有强的空间溢出作用,但我国大多数省份的农业信息化发展水平较低,并在空间上呈现低水平的空间相关,因而国家应进一步加大对农业信息化建设的支持力度。具体而言,一方面要继续夯实农业信息化建设基础,加大对农村基础信息网络的建设投入,实现农村宽带及通信电缆的全覆盖;另一方面要着力改造和升级农村电视广播基础设施,加大对农业信息技术产品的开发,诸如农业 APP、"三农"网站等,增加农业信息供给渠道,并加大对农村信息员的培训,提高信息员的分析与处理能力,打造服务水平高的农村信息员队伍,实现农业信息化的全面发展。第三,针对我国农业信息化水平地区差异较大的特征,国家应进一步将农业信息化的建设主阵地向中西部进行倾斜,弥补东部与中西部地区的农业信息化鸿沟,并重点加强对于粮食主产区省份的农业信息化建设,将更多的财政投入或扶持政策对准粮食主产区省份农业信息化建设的薄弱环节,提高粮食主产区省份粮食生产能力与农业信息化水平的匹配度,使农业信息化在粮食增产中能够发挥更大价值。

参考文献:

[1] 赵和楠,侯石安. 新中国 70 年粮食安全财政保障政策变迁与取向观察[J]. 改革, 2019(11): 15-24.

[2] 魏后凯. 当前"三农"研究的十大前沿课题[J]. 中国农村经济, 2019 (4): 2-6.

[3] 叶明华,庹国柱. 要素投入、气候变化与粮食生产——基于双函数模型[J]. 农业技术经济, 2015(11): 4-13.

[4] 蔡保忠,曾福生. 中国农业基础设施投资的粮食增产效应分析——基于省级面板数据的实证分析[J]. 农业技术经济, 2017(7): 31-40.

[5] 伍骏骞,方师乐,李谷成,徐广彤. 中国农业机械化发展水平对粮食产量的空间溢出效应分析——基于跨区作业的视角[J]. 中国农村经济, 2017 (6): 44-57.

[6] 彭克强,鹿新华. 中国财政支农投入与粮食生产能力关系的实证分析[J]. 农业技术经济, 2010(9): 18-29.

［7］袁其谦. 政府支农投入对粮食生产的效应分析［J］. 财政研究, 2011 (7)：31-33.

［8］姜松, 王钊, 黄庆华, 周志波, 陈习定. 粮食生产中科技进步速度及贡献研究——基于 1985—2010 年省级面板数据［J］. 农业技术经济, 2012 (10)：40-51.

［9］杨义武, 林万龙, 张莉琴. 农业技术进步、技术效率与粮食生产——来自中国省级面板数据的经验分析［J］. 农业技术经济, 2017(5)：46-56.

［10］程名望, 黄甜甜, 刘雅娟. 农村劳动力外流对粮食生产的影响：来自中国的证据［J］. 中国农村观察, 2015(6)：15-21.

［11］刘景景. 劳动力结构老化对粮食生产的影响［J］. 华南农业大学学报 (社会科学版), 2017, 16(3)：36-48.

［12］张慧琴, 韩晓燕, 吕杰. 粮食补贴政策的影响机理与投入产出效应［J］. 华南农业大学学报(社会科学版), 2016, 15(5)：20-27.

［13］何为, 刘昌义, 刘杰, 陈梦玫. 气候变化和适应对中国粮食产量的影响——基于省级面板模型的实证研究［J］. 中国人口·资源与环境, 2015, 25 (S2)：248-253.

［14］陈帅, 徐晋涛, 张海鹏. 气候变化对中国粮食生产的影响——基于县级面板数据的实证分析［J］. 中国农村经济, 2016(5)：2-15.

［15］庄道元, 陈超, 赵建东. 不同阶段自然灾害对我国粮食产量影响的分析——基于31个省市的面板数据［J］. 软科学, 2010, 24(9)：39-42.

［16］冷崇总. 农业信息化与增加农民收入［J］. 中国经济问题, 2002(4)：32-37.

［17］Zanello G, Srinivasan C S. Information Sources, ICTs and Price Information in Rural Agricultural Markets［J］. European Journal of Development Research, 2014, 26(5)：815-831.

［18］Aker J C. Dial "A" for agriculture：a review of information and communication technologies for agricultural extension in developing countries［J］. Agricultural Economics, 2011, 42(6)：631—647.

［19］Das B. ICTs Adoption for Accessing Agricultural Information：Evidence from Indian Agriculture［J］. Agricultural Economics Research Review, 2014, 27：199—208.

［20］韩海彬, 张莉. 农业信息化对农业全要素生产率增长的门槛效应分析［J］. 中国农村经济, 2015(8)：11-21.

［21］高杨, 牛子恒. 农业信息化、空间溢出效应与农业绿色全要素生产率——基于 SBM-ML 指数法和空间杜宾模型［J］. 统计与信息论坛, 2018, 33(10)：66-75.

［22］陈真玲. 生态效率、城镇化与空间溢出——基于空间面板杜宾模型的研究［J］. 管理评论, 2016, 28(11)：66-74.

［23］王宝义, 张卫国. 中国农业生态效率的省际差异和影响因素——基于1996~2015 年31 个省份的面板数据分析［J］. 中国农村经济, 2018(1)：46-62.

［24］Mur J, Angulo A. Model selection strategies in a spatial setting：Some additional results［J］. Regional Ence & Urban Economics, 2009, 39(2)：200-213.

［25］Elhorst J P. Malta Software for Spatial Panels, Presented at the Ⅳth World Conference of Spatial Econometrics Association［R］. Chicago：2010.

［26］Lesage J, Pace R K. Introduction to spatial econometrics［M］. New York, CRC Press, 2009.

［27］徐小琪, 李燕凌. 我国农业信息化发展及主要推动因素分析［J］. 江西社会科学, 2019, 39(4)：195-200.

［28］王艾敏. 中国农村信息化存在"生产率悖论"吗？——基于门槛面板回归模型的检验［J］. 中国软科学, 2015(7)：42-51.

［29］涂涛涛, 马强, 李谷成. 人口老龄化、人口城镇化与中国粮食安全——基于中国 CGE 模型的模拟［J］. 中南财经政法大学学报, 2017

（4）：109-118.

［30］周晓时,李谷成,刘成.人力资本、耕地规模与农业生产效率［J］.华中农业大学学报(社会科学版),2018(2)：8-17.

［31］聂英.中国粮食安全的耕地贡献分析［J］.经济学家,2015(1)：83-93.

［32］Lee L F, Yu J. Some recent developments in spatial panel data models［J］. Regional ence & Urban Economics, 2010, 40(5)：255-271.

［33］贾利军,马潇然.收入非农化下的我国粮食生产与安全——机理、趋势与策略［J］.西部论坛,2019,29(1)：1-10.

农业保险与农业化肥面源污染：加剧抑或抑制

——来自中国政策性农业保险试点的经验证据[①]

牛子恒　马　璐

摘　要: 长期以来,农民购买农业保险与化肥要素投入之间的关系存在着一定争议。自我国推行政策性农业保险试点工作以来,多数学者仅关注了该政策在保障农民收益以及减少农民贫困方面的作用,但其对农业生态环境所可能产生的负面影响往往被忽视。若该政策的实施激发农民施用了更多的化肥,进而造成更为严重的环境问题,这将与政策本身的目标相悖。本文利用我国 31 省份 2000—2017 年的省际面板数据,将政策性农业保险试点推广视为一项准自然实验,采用多期双重差分模型,评估了政策性农业保险对农业化肥面源污染的影响。研究结果表明,我国政策性农业保险试点推广加剧了农业化肥面源污染,在经过一系列稳健性检验后,该研究结论依然成立。同时,政策性农业保险加剧农业化肥面源污染这一作用效果在试点推广期间产生了 4 年的持续性影响,直到政策性农业保险全面覆盖后才消失。此外,异质性估计结果表明,在我国东部地区以及受灾风险高的地区,政策性农业保险对农业化肥面源污染的加剧作用表现出了更强的作用效果。

关键词: 政策性农业保险;农业化肥面源污染;道德风险;多期双重差分模型

---

① 牛子恒,安徽大学创新发展战略研究院博士生。研究方向为农业信息化。马璐,安徽大学创新发展战略研究院博士生。研究方向为农业清洁生产。

一、文献回顾与问题提出

长期以来,我国农业生产中农民"靠天吃饭"的被动局面一直没有得到根本改观,农民抵御自然灾害等农业风险的能力依然不强。为保障我国农民的农业生产安全,进一步增强农民抵御农业风险的能力,自 2007 年以来,我国政府开始大力开展政策性农业保险的试点工作,直到 2012 年,政策性农业保险实现了全面覆盖。我国的政策性农业保险是由政府推动,具有非营利性质,中央和地方财政共同提供补贴,相比于一般农业保险,农民的投保成本更低,并在灾后补偿和弱化农业风险等方面发挥着举足轻重的作用。到 2015 年,我国政策性农业保险的保险金额和签单保费在所有农业保险中所占比重已超过 80%。经过十几年的发展,政策性农业保险已逐渐成为我国农民的主要投保方式。

目前关于政策性农业保险的研究,主要侧重于评估政策性农业保险在帮助农民增收和减贫方面的作用,也有研究证实政策性农业保险能够改变农民种植行为,增强农民专业化种植倾向。然而,鲜有研究关注政策性农业保险对农业面源污染的影响。

中国是世界上化肥施用量最多的国家之一,高化肥投入使得我国农业面源污染问题十分突出,使农业生态环境承受巨大压力。既有研究表明,由于道德风险[①]问题在农业保险中普遍存在,农民购买农业保险会改变其化肥投入行为。一部分学者认为化肥作为一类高风险性农业生产要素,农民投保后为获得更高的预期收益,会促使农民倾向于采用风险性更高的农业生产方式,增加对化肥要素的投入。例如,Horowitz & Lichtenber 基于美国 1978 年的农场成本和收益调查得到的 376 个农场样本,发现农场参保后增加了农场化肥的投入;钟甫宁等利用中国 340 个棉农样本,也得到了类似的研究结论。同时,一项近期的研究,He et al. 使用菲律宾玉米农户的数据集,检验了生产成本作物保险对

---

① 农户的道德风险问题可被解释为农户在投保后的失信行为或者机会主义行为,即在农业保险的保障下,农户投保后倾向于采取冒险的生产经营行为,或是降低其农业生产管理水平,甚至采取人为破坏的行为,加大损失的范围与程度,导致风险发生概率上升。

农户化肥投入的影响,其理论分析表明由于道德风险问题的存在,其对化肥投入的影响可能是增加,也可能是减少,进而通过实证检验分析发现农户购买生产成本作物保险增加了其化肥的投入。也有学者认为农民投保后为获得收益补偿,会疏于农业风险防范,并减少农业生产要素投入,使得化肥投入降低。例如,Smith & Goodwin 使用美国堪萨斯州 235 个农场样本,研究证实农场参保降低了农民化肥的投入;张哲晰等利用中国 552 个菜农样本,也发现农民参保后减低了化肥投入。同时,我们还发现,少数研究即使是基于同一调查机构获得的横截面数据,其研究结论也并不一致。例如,Mishra et al. 将化肥投入量替换为化肥投入的消费支出,对 1998 年美国农业资源管理调查得到的 865 个农户样本进行研究,结果发现农民参保后降低了农民对化肥投入的消费支出;而Chang & Mishra 使用 2003 年美国农业资源管理调查得到的 1757 个农户样本,研究却发现参保后农民增加了对化肥投入的消费支出。

截至目前,我国政策性农业保险工作已开展十余年,经历了由试点推广到全面覆盖的巨大变化,那我国政策性农业保险对我国农业化肥面源污染的影响究竟如何?从长期来看,如果政策性农业保险激发农民施用了更多的化肥,进而引发更为严重的农业生态环境问题,这将与政策性农业保险本身的政策目标背道而驰。因此,评估政策性农业保险对农业化肥面源污染的影响具有重要的现实意义。同时,就上述探究农业保险与化肥投入之间关系的文献而言,均属于从农户视角切入,由于样本选取的不同,可能导致其研究结论并不一致,其研究结论的外推性不足,因而更有必要在全国视域下进行进一步的审查。

基于上述分析,本文使用我国 31 省份 2000—2017 年的省际面板数据,将政策性农业保险试点视为一项准自然实验,采用多期双重差分模型,评估政策性农业保险对农业化肥面源污染的影响。本文旨在从农业环境视角,评估政策性农业保险试点推广的政策价值,以期望本文研究结论可为继续优化政策内容提供相关支撑依据。

二、理论基础与观点分歧

农业保险中包含的道德风险问题会导致农民参保后改变其化肥投入行为。但学界对于参保如何改变农民的化肥投入行为这一问题并没有达成共识。从现有文献来看,根本性观点分歧的原因在于农民参保后,发生冒险型道德风险还是保守型道德风险存在不确定性。

(一)冒险型道德风险发生机制

冒险型道德风险发生是农业保险中存在道德风险问题的表现之一,冒险型道德风险的发生,会促使农民采取更为冒险的农业生产行动。化肥往往被认为是高风险性农业生产要素,当增加化肥这种高风险性农业生产要素的投入时,不仅增加了农民的预期收益,同时也增大了农民收益的波动性,提高了减产风险。农民购买政策性农业保险后,在政策性农业保险的保障下,其所面临的农业风险大大降低,为获得更高的预期收益,农民会倾向于采取高风险性的农业生产行动,进而增加化肥投入。换言之,在农民购买政策性农业保险的情况下,农民即便为了追求更高的预期收益,施用了过量的化肥,提高了减产风险,但农民知道一旦减产发生,政策性农业保险会给予相应的收益补偿,那么农民不会因担心提升减产风险,而降低对化肥的投入。这种冒险型道德风险机制的发生,促使了农民增加对化肥的投入,从而使得政策性农业保险加剧了农业化肥面源污染。

(二)保守型道德风险发生机制

Smith & Goodwin 反驳了冒险型道德风险的发生机制,并认为当增加化肥这类高风险性农业生产要素投入时,收益波动的增加会提高赔偿的可能性,但预期收益的增加降低了赔偿的可能性,若农民收益波动的增加不能够抵消其预期收益的增加,那农民购买农业保险后,因增加化肥投入而获得收益赔偿的可能性会下降,这将不利于农民增加对化肥的投入,并进一步指出由于保守型道德风险的发生,农民会疏于对农业风险的防范,进而降低化肥要素的投入。具体而言,当农民购买政策性农业保险后,在政策性农业保险的补偿机制下,农民为获得预期的收益补偿,其农业生产行动会变得更为消极或保守,表现为在农业生产活动中降低农业生产管理水平,主动懈怠农业风险防范,进而减少农业生产要素投入,导致化肥投入降低。这种保守型道德风险机制的发生,虽然不足以引发农业化肥面源污染问题,但降低了农民的生产效率和生产积极性,从长期来看,同样不利于农业的发展。

（三）研究框架

基于上述分析,本文从道德风险视角建立了政策性农业保险对农民化肥面源污染影响的理论分析框架,如图1所示。道德风险的存在并不利于农业保险的健康发展,但始终根植于农业保险的"土壤"之中,它本质是一种受利益驱使但合乎"理性"的行为。那么,我国政策性农业保险对农业化肥面源污染的影响究竟如何? 这还有待使用全国性数据进行进一步验证。

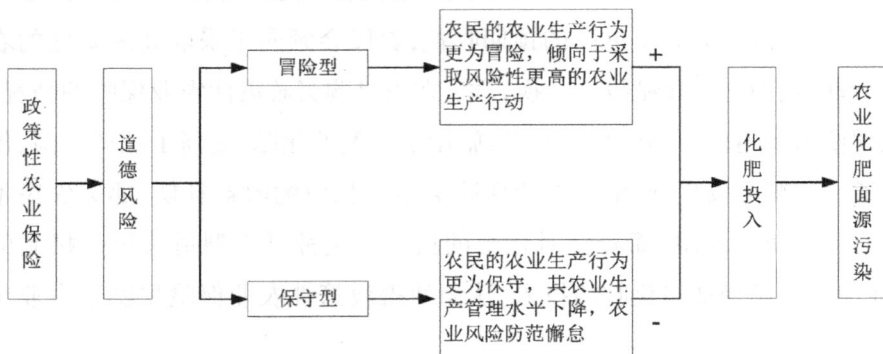

图 1　理论分析框架

三、模型构建与数据说明

（一）模型构建

由于政策性农业保险试点工作的开展是按照时间年份的推移,逐渐增加试点省份,不同省份的政策实行时间并不一致,因而有必要构建多期 DID 模型对政策性农业保险对农业化肥面源污染的影响进行评估。本文参照付小鹏和梁平的研究,构建如下多期 DID 模型:

$$TE_{it} = \beta_0 + \theta \cdot Treat_i \cdot Time_t + \delta Control_{it} + \mu_i + \lambda_t + \varepsilon_{it} \tag{1}$$

上式中,*TE* 为被解释变量,表示农业化肥面源污染强度;*Treat* 为政策地区虚拟变量,当地区为政策性农业保险的试点省份时取值为 1,否则取值为 0;*Time* 为政策时间虚拟变量,当年份在该省份政策性农业保险试点之前取值为 1,否则取值为 0;*Treat·Time* 为模型的核心解释变量,表示政策性农业保险试点的政策变量,θ 为其估计系数,表示政策性农业保险对农业化肥面源污染影响的实际政策效果。*Control* 为一系列控制变量,包括农作物播种面积、农业机械化水平、城镇化水平、成灾程度、农村居民人均收入水平及其平方项,δ 为其估计系数向量。β_0 为常数项,μ_i 为省份固定效应,λ_t 为时间固定效应,ε 为随机误差项,下标 i 和 t 分别表示省份和年份。

(二)变量选取

1. 被解释变量

本文的被解释变量为农业化肥面源污染强度。农业化肥面源污染具有扩散快、数据统计难的特点,现有研究一般采用单元调查评估法进行核算。因此,本文借鉴史常亮等的研究,将氮肥、磷肥和复合肥确定为农业化肥面源污染的调查单元,依据氮肥、磷肥和复合肥中氮和磷的化学成分占比,确定氮肥、磷肥和复合肥中氮的产污系数分别为 1、0、0.33,磷的产物系数分别为 0、0.44、0.15。在此基础上,参照赖斯芸总结的化肥流失率系数,得到农业化肥面源污染的总排放量为:

$$E_{it} = \sum_{s=1}^{3} EU_{its} \cdot K_s \cdot V_s \tag{2}$$

上式中,E 为农业化肥面源污染的总排放量,$s \in [1,2,3]$ 表示 3 种不同的化肥品种,EU 为第 s 种化肥折纯施用量,K_s 为第 s 种化肥的产污系数,V_s 为第 s 种化肥的流失率系数。下标 i 和 t 分别表示省份和年份。进一步可得到农业化肥面源污染强度:

$$TE_{it} = E_{it}/S_{it} \tag{3}$$

上式中,S_{it} 为农作物播种总面积,下标 i 和 t 分别表示省份和年份。

2. 核心解释变量

本文的核心解释变量为政策性农业保险的政策变量。我国政策性农业保险试点推广工作是 2007 年起开始实施,此后逐年增加试点省份,截至 2012 年,我国政策性农业保险的试点工作已经覆盖全国所有省份(除香港、澳门以及台湾),因此在本文所选取的时间段内,所有省份均为政策性农业保险的试点省份,但对于每个政策试点省份而言,其政策试点时间并不一致。本文通过《中央财政农业保险保费补贴试点管理办法》以及 2007—2012 年间相关省市关于开展政策性农业保险的通知,整理得到我国政策性农业保险试点推广进程,如表 1 所示。

表 1　政策性农业保险试点进程

年份	试点省份
2007	吉林、内蒙古、江苏、湖南、四川、新疆
2008	河北、辽宁、黑龙江、安徽、山东、河南、湖北、浙江、福建、海南(新增)
2009	江西(新增)
2010	山西、广东、云南、甘肃、青海、宁夏(新增)
2011	广西、贵州、西藏、陕西、重庆(新增)
2012	北京、上海、天津(全国覆盖)

3. 控制变量

本文在借鉴现有研究的基础上,分别选取了农作物播种面积、农业机械化水平、城镇化水平、成灾程度、农村居民人均收入水平及其平方项作为影响农业化肥面源污染强度的控制变量。其中,农作物播种面积用农作物的总播种面积进行取值,单位为百万公顷;农业机械化水平用农业机械总动力进行取值,单位为千万千瓦时;成灾程度用成灾面积占受灾面积的比重进行取值;城镇化水平用城镇人口占总人口比重表示;农村居民人均收入水平及其平方项用农村居民人均纯收入及其平方项进行取值,单位为万元/人和万元^2/人^2,且为剔除价格因素的影响,本文以 2000 年为基期,采用居民消费价格指数,对农村居民人均收入进行平减处理,同时由于 2013 年国家统计局对农村和城镇居民的收支调查方式进行了改革,其农村居民收入核算的统计口径发生了变化,因此本文借鉴现有研究的一般做法,采用农村居民人均可支配收入进行替代。

(三)数据来源及其描述性统计

本文使用我国 31 个省份(不包括香港、澳门以及台湾)2000—2017 年的省际面板数据进行实证分析。变量数据来自于《中国统计年鉴》《中国农业年鉴》以及《中国农村统计年鉴》。此外,各省份的统计年鉴起到对缺失值进行补充的作用。各变量的描述性统计如表 2 所示。

表 2　变量描述性统计

变量	样本量	符号	均值	标准差	最小值	最大值
农业化肥面源污染强度	558	TE	0.384	0.266	0.065	1.302
农作物播种面积	558	$Size$	5.108	3.689	0.121	14.903
农业机械化水平	558	Am	2.670	2.659	0.095	13.353
城镇化水平	558	$Urban$	0.490	0.154	0.189	0.896
成灾程度	558	Ad	0.508	0.150	0.000	0.913
农村居民人均收入水平	558	$Income$	0.497	0.315	0.133	1.980
农村居民人均收入水平的平方项	558	$Income^2$	0.346	0.495	0.018	3.921

四、结果分析

(一)多期 DID 模型的估计结果

多期 DID 模型的估计结果如表 3 所示,回归模型(1)—(4)中的控制变量逐步添加。在回归模型(1)—(4)中,随着控制变量的增加,政策性农业保险的估计系数并未发生较大变化,且均显著为正,这说明我国政策性农业保险确实加剧了我国农业化肥面源污染。这意味着,我国农民在购买政策性农业保险后,冒险型道德风险机制触发的可能性较大,即农民购买政策性农业保险后,所面临的农业风险大大降低,为了追求更高的收益,农民采用了风险性更强的农业生产方式,进而加大了对化肥的投入,使得农业化肥面源污染加剧。

表3　多期 DID 模型估计结果

变量	(1)	(2)	(3)	(4)
	TE	TE	TE	TE
Treat · Time	0.025*	0.023*	0.022*	0.026**
	(0.012)	(0.013)	(0.012)	(0.013)
Size	—	−0.025***	−0.025***	−0.028***
		(0.006)	(0.006)	(0.006)
Am	—	−0.005	−0.004	−0.009*
		(0.005)	(0.005)	(0.005)
Urban	—	—	0.031	−0.017
			(0.065)	(0.065)
Ad	—	—	0.026	0.019
			(0.021)	(0.021)
Income	—	—	—	0.177*
				(0.107)
Income^2	—	—	—	−0.096**
				(0.037)
常数项	0.328***	0.462***	0.434***	0.444***
	(0.011)	(0.029)	(0.043)	(0.048)
省份固定效应	已固定	已固定	已固定	已固定
时间固定效应	已固定	已固定	已固定	已固定
样本量	558	558	558	558
R^2	0.194	0.235	0.237	0.258

注:***、**、*分别表示在 1%、5%、10%水平下显著,括号内数字为标准误差。

从回归模型(4)的估计结果可知,农业机械化水平对农业化肥面源污染强度影响的估计系数为−0.009,且通过了 10%的显著性检验,这说明农业机械化水平抑制了我国农业化肥面源污染。其原因可能在于我国农业机械化水平的不断提高,一方面,促进了农民农业生产精细化程度的提高,进而降低了其化肥投入量;另一方面,加快了秸秆还田等环境友好型技术在农业生产中的扩散,对化肥施用产生了一定挤出效应,化肥面源污染程度有所下降。农作物播种面积对农业化肥面源污染强度影响的估计系数为-0.028,且通过了1%的显著性检验,这意味着农作物播种面积的增加,降低了农业化肥面源污染强度。其原因在于,随着农作物播种面积的增加,在一定程度上分摊了农业化肥面源污染。农村居民人均收入水平及其平方项对农业化肥面源污染强度分别产生显著的负向和正向影响,这印证了环境库兹涅茨曲线(EKC)假说,这与现有文献的普遍结论相一致,即我国农村居民人均收入水平与农业化肥面源污染之间存在"倒U型"的非线性关系。此外,城镇化水平和成灾程度并未对农业化肥面源污染强度产生显著性影响。

(二)平行趋势检验与动态影响

要使得多期DID模型的估计结果成立,应该保证处理组与对照组具有统计意义上的随机性,即具有平行趋势。换言之,需要检验在控制一系列可观测因素情况下,若未进行政策性农业保险的试点推广,处理组与对照组的农业化肥面源污染强度随时间的变化趋势应具有一致性。本文借鉴 Beck et al. 的做法,采用事件研究法考察是否满足平行趋势检验,并设定如下模型:

$$TE_{it} = \beta_0 + \sum_{d=-7,d\neq0}^{10} \theta \cdot Treat_i \cdot Time_d + \delta Control_{it} + \mu_i + \lambda_t + \varepsilon_{it} \quad (4)$$

上式中,$Time_d$ 表示为政策性农业保险试点推广前后第 d 年的虚拟变量,d 取值范围为 $-7 \leq d \leq 10$,如若 $d=-7$ 表示当年份为2000时取值为1,否则取值为0,此外本文通过设定 $d \neq 0$,将政策性农业保险试点推广的年份作为对照。依据 Beck et al. 的研究,如果估计系数 θ 在政策实施之前,其大小在0处徘徊,且并未通过显著性检验,但在政策实施之后,估计系数 θ 大小与0出现明显偏离,且开始通过显著性检验,则可说明满足平行趋势。利用(4)式进行平行趋势检验的结果如图1所示。

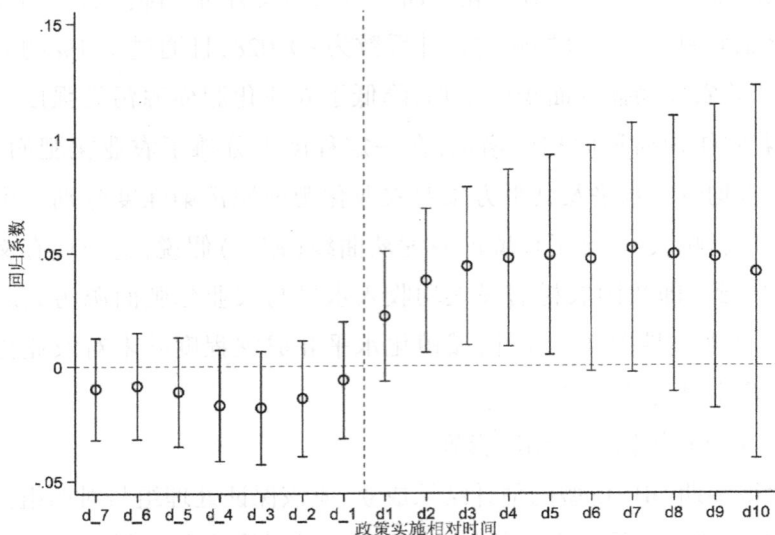

图 1　平行趋势检验

上图中,纵坐标表示估计系数 θ 的大小,横轴表示政策性农业保险试点推广前后的第 d 年,圆圈上下的实线表示 90% 的置信区间。从图示结果可以发现,在政策实施之前,估计系数 θ 均小于0,且在0处徘徊,并未通过显著性检验,而在政策实施之后,估计系数 θ 的大小明显偏于0,且估计系数存在显著正向影响,这说明本文构建的多期 DID 模型满足平行趋势的假设检验。同时,从 2009 年起,政策性农业保险试点推广对农业化肥面源污染的影响一直呈明显的加剧效果,直到 2012 年才消失,这意味在我国政策性农业保险的试点推广时期,政策性农业保险对农业化肥面源污染的加剧作用存在周期为 4 年的持续影响;在 2012 年之后,由于政策性农业保险的推广已经全面覆盖,因而政策性农业保险对农业化肥面源污染的作用不再具有显著性影响。

(三)稳健性检验

为了验证上文估计结果的稳健性,提高文章估计结果的可信度,本文从以下三个方面进行稳健性检验。

1.改变政策发生时点的反事实检验

为排除上述估计结果受到其他政策或随机性因素的干扰影响,本文借鉴王立勇和祝灵秀的研究,通过改变政策发生时点对估计结果进行反事实检验。具体而言,本文假设将所有试点省份的政策发生时间提前 1 年、提前 2 年以及提前 3 年,重新构建多期 DID 模型,得到估计结果如表 5 所示。

表 5　反事实检验

变量	2004	2005	2006
	TE	*TE*	*TE*
$Treat \cdot Time$	−0.008	0.004	0.016
	(0.012)	(0.013)	(0.013)
$Size$	−0.029***	−0.029***	−0.028***
	(0.006)	(0.006)	(0.007)
Am	−0.009*	−0.010*	−0.009*
	(0.005)	(0.006)	(0.005)
$Urban$	−0.009	−0.008	−0.011
	(0.066)	(0.065)	(0.065)
Ad	0.021	0.020	0.019
	(0.021)	(0.021)	(0.021)
$Income$	0.135*	0.148*	0.164*
	(0.076)	(0.085)	(0.092)
$Income^2$	−0.081**	−0.086**	−0.092**
	(0.037)	(0.038)	(0.037)
常数项	0.454***	0.449***	0.446***
	(0.047)	(0.048)	(0.045)
省份固定效应	已固定	已固定	已固定
时间固定效应	已固定	已固定	已固定
样本量	558	558	558
R^2	0.251	0.252	0.254

注:***、**、* 分别表示在1%、5%、10%水平下显著,括号内数字为标准误差。

　　估计结果显示,当我们将各个试点省份的政策性农业保险试点推广时间提前1年、提前2年以及提前3年后,政策性农业保险对农业化肥面源污染影响的估计系数不再显著。这表明很可能是政策性农业保险试点推广(而非其他农业支持政策)加剧了农业化肥面源污染。

2. 倾向得分匹配-双重差分模型估计

　　为控制政策试点的"选择性偏差",本文进一步采用倾向得分匹配-双重差分(PSM-DID)模型再次评估政策性农业保险试点推广对化肥农业面源污染的影响。值得指出的是,相比于DID模型,PSM-DID模型虽然可控制政策试点的选择偏误,但也往往在要求存在较大共同支撑域的同时,损失了较多的样本量。

　　PSM-DID模型的使用需满足平衡性检验,即处理组和对照组样本匹配后的特征变量不存在显著差异。对于本文而言,即需要所有控制变量包括农作物播种面积、农业机械化水平、城镇化水平、成灾程度、农村居民人均收入水平及其平方项在内,经过处理组和对照组匹配后无显著性差异。本文平衡性检验的结果如表6所示。

表6　平衡性检验

变量	样本	均值		T值	P值
		处理组	对照组		
$Size$	匹配前	5.628	4.599	3.320***	0.001
	匹配后	4.831	4.206	1.360	0.175
Am	匹配前	3.439	1.919	7.040***	0.000
	匹配后	2.713	2.288	1.410	0.159
$Urban$	匹配前	0.535	0.445	7.230***	0.000
	匹配后	0.516	0.530	-0.660	0.510
Ad	匹配前	0.486	0.529	-3.440***	0.001
	匹配后	0.490	0.477	0.670	0.502
$Income$	匹配前	0.668	0.329	15.090***	0.000
	匹配后	0.546	0.552	-0.150	0.878
$Income^2$	匹配前	0.548	0.148	10.430***	0.000
	匹配后	0.403	0.397	0.080	0.938

　　注:***、**、*分别表示在1%、5%、10%水平下显著。

从平衡性检验的结果可知,在匹配前样本的农作物播种面积、农业机械化水平、城镇化水平、成灾程度、农村居民人均收入水平以及平方项在处理组与对照组之间均存在显著差异;而匹配后样本的农作物播种面积、农业机械化水平、城镇化水平、成灾程度、农村居民人均收入水平以及平方项在处理组与对照组之间均不再存在显著差异。这说明,匹配后处理组与控制组样本的特征变量已无显著差异,整体样本通过平衡性检验。

在样本通过平衡性检验的基础上,PSM-DID 模型的估计结果如表 7 所示。从PSM-DID 模型的估计结果来看,在回归模型(1)—(4)中,政策性农业保险的估计系数均显著为正,这再一次印证我国政策性农业保险试点推广加剧了农业化肥面源污染的研究结论。而且无论是从政策性农业保险估计系数的大小还是其显著性和作用方向看,均与上文的估计结果较为吻合,说明上文的估计结果是稳健的。

表 7   PSM-DID 模型估计结果

变量	(1)	(2)	(3)	(4)
	TE	*TE*	*TE*	*TE*
Treat · Time	0.024*	0.026*	0.025*	0.029**
	(0.013)	(0.014)	(0.014)	(0.013)
Size	—	−0.028***	−0.028***	−0.031***
		(0.008)	(0.008)	(0.009)
Am	—	−0.004	−0.004	−0.008
		(0.008)	(0.007)	(0.008)
Urban	—	—	0.081	0.031
			(0.074)	(0.074)
Ad	—	—	0.024	0.023
			(0.026)	(0.026)
Income	—	—	—	0.260*
				(0.136)
Income^2	—	—	—	−0.123**
				(0.048)

续表

变量	(1)	(2)	(3)	(4)
	TE	*TE*	*TE*	*TE*
常数项	0.321***	0.460***	0.412***	0.399***
	(0.011)	(0.039)	(0.053)	(0.058)
省份固定效应	已固定	已固定	已固定	已固定
时间固定效应	已固定	已固定	已固定	已固定
样本量	407	407	407	407
R^2	0.223	0.252	0.256	0.275

注：＊＊＊、＊＊、＊分别表示在1%、5%、10%水平下显著,括号内数字为标准误差。

3.置换检验

为进一步说明 DID 模型估计结果的有效性,即加剧农业化肥面源污染确实是由于政策性农业保险试点推广所导致,而不是由其他不可观测因素引起,本文借鉴 Lu et al. 的研究,采用随机改变政策干预组的置换检验(PT)方法予以证实。该方法具体思路是,在 31 个省份中随机抽取新的政策干预组,重复抽取1000 次,由此得到 1000 个政策变量的估计系数,若实际政策干预组的政策估计系数明显区别于由随机选取的政策干预组所得到的政策估计系数,则可证明多期 DID 模型估计结果的稳健性,即农业化肥面源污染加剧确实是由于政策性农业保险试点推广所引起,而不是其他不可观测因素所导致。

置换检验的结果如图 2 所示,曲线为估计系数的核密度曲线,虚线为双重差分模型中政策性农业保险的估计系数,可以发现该系数明显区别于随机选取政策干预组所得到的政策估计系数。从而证实了政策性农业保险加剧农业化肥面源污染的因果效应并非源于其他不可观测因素,即多期 DID 模型估计结果是有效的。

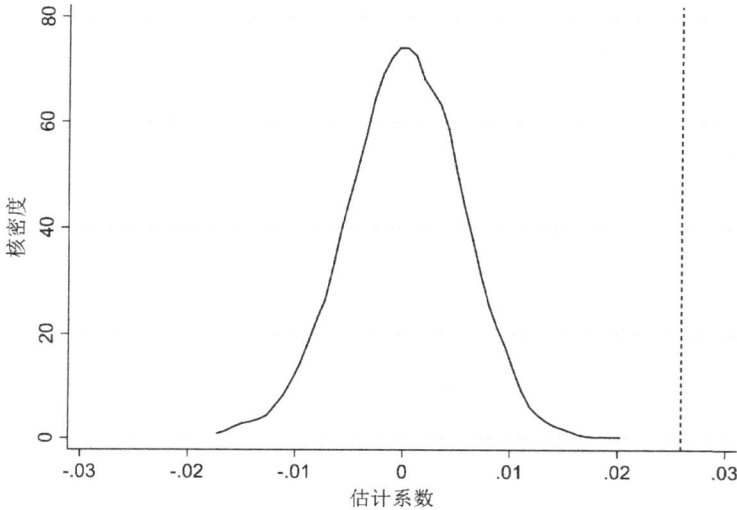

图 2　置换检验

（四）异质性分析

由于我国各省份存在明显的系统性地域差异和受灾等级差异,因而对于不同地域以及不同受灾等级的省份,政策性农业保险试点推广对农业化肥面源污染的影响可能存在差异。因而,本文进一步从地域差异以及受灾等级差异两个方面进一步考察政策性农业保险对于农业化肥面源污染的异质性影响。在此基础上,本文借鉴周玉龙等的研究,构建如下三重差分模型:

$$TE_{it} = \beta_0 + \theta_1 \cdot Treat_i \cdot Time_t \cdot Type_i + Treat_i \cdot Time_t + Treat_i \cdot Type_i + Time_t$$
$$\cdot Type_i + \delta Control_{it} + \mu_i + \lambda_t + \varepsilon_{it} \tag{5}$$

上式中,$Type$ 为省份类型的虚拟变量。具体而言,由于我国东部地区与中西部地区之间存在较大系统性差异,因此本文借鉴王立勇等的研究设置地域虚拟变量,当省份位于东部地区时,$Type$ 赋值为 1;当省份位于中西部地区时,$Type$ 赋值为 0。同时,本文借鉴梁来存对我国各省份的受灾等级划分,当省份位于高风险地区时,$Type$ 赋值为 1;当省份位于低风险地区时,$Type$ 赋值为 0。其中,θ_1 为本文感兴趣的估计系数,表示省份异质性所导致的政策性农业保险对农业化肥面源污染的异质性影响。

　　地域异质性的估计结果如表8所示。从估计结果可知,无论是否添加控制变量,θ_1的估计系数均显著为正,这意味着相比于位于中西部地区的省份而言,位于东部地区的省份的政策性农业保险试点推广加剧农业化肥面源污染的程度更大。这可能是由于我国东部地区农村居民的收入水平要远高于中西部地区,其农民更有能力支付购买农业保险所带来的成本,使得东部省份的政策性农业保险密度更大,对农业化肥面源污染的加剧程度更大。

表8　地域异质性

变量	(1)	(2)
	TE	*TE*
Treat·Time·Type	0.025**	0.029**
	(0.011)	(0.013)
Treat·Time		
控制变量	未控制	已控制
常数项	0.328***	0.443***
	(0.010)	(0.048)
省份固定效应	已固定	已固定
时间固定效应	已固定	已固定
交互效应	已固定	已固定
样本量	558	558
R^2	0.196	0.259

　　受灾等级异质性的估计结果如表9所示。从估计结果可知,无论是否添加控制变量,θ_1的估计系数均显著为正,这说明在受灾风险更大的地区,政策性农业保险加剧农业化肥面源污染的程度越大。其原因可能在于,往往受灾风险大的地区,农民对于农业保险具有更大的需求,这使得受灾风险大的地区的政策性农业保险密度更大,对农业化肥面源污染的加剧程度也更大。

表9 受灾等级异质性

变量	(1)	(2)
	TE	TE
Treat · Time · Type	0.019*	0.024**
	(0.010)	(0.011)
Treat · Time		
控制变量	未控制	已控制
常数项	0.328***	0.443***
	(0.011)	(0.048)
省份固定效应	已固定	已固定
时间固定效应	已固定	已固定
交互效应	已固定	已固定
样本量	558	558
R^2	0.193	0.255

五、研究结论与政策启示

(一)研究结论

长期以来,农民购买农业保险与化肥要素投入之间的关系存在着一定争议,自我国推行政策性农业保险试点工作以来,该政策的实施对农业化肥面源污染的影响尚不明确,若该政策的实施激发农民施用了更多的化肥,进而造成更为严重的环境问题,这将与政策本身的目标相悖。本文利用我国31省份(未包含香港、澳门和台湾)2000—2017年的省际面板数据,将政策性农业保险试点推广视为一项准自然实验,采用多期DID模型,评估了政策性农业保险对农业化肥面源污染的影响。研究结果表明,我国政策性农业保险试点推广加剧了农业化肥面源污染,在经过一系列稳健性检验后,该研究结论依然成立。同时,政策性农业保险加剧农业化肥面源污染这一作用效果在试点推广期间产生了4年的持续性影响,直到政策性农业保险全面覆盖后才消失。此外,异质性估计结果表明,在我国东部地区以及受灾风险高的地区,政策性农业保险对农业化肥面源污染的加剧作用表现出了更强的作用效果。

(二)政策启示

我国政策性农业保险自试点推广以来在帮助农民增收和减轻农民贫困方面发挥了巨大作用效果。然而,政策性农业保险制度的设计可能侧重于保障农民收益,而忽视了对于环境的负向影响。针对本文的主要研究结论,提出如下政策建议:

首先,鉴于政策性农业保险会加剧农业化肥面源污染强度,因而要加大对农民施肥程度的监测力度,并在保险合同的条款设计上将补偿机制与化肥施用程度联系起来,若农民过度施用化肥,应限制其享受相应收益补偿的权利。具体而言,一方面要建立更加完善的监督机制,以社区或者村为单位,建立地块区域负责制度,政府安排专门的检测人员使用化肥检测仪等设配对其负责区域进行不定期检查,并将检测结果及时上报;另一方面,在政策性农业保险条款设计优化上可采取适当给农民增加超额条款的方式,例如,在具体赔付条款上增加赔偿条件,若农民过度施肥,则农民每次索赔都要由自身承担一部分,若农民未过度施肥,则按照无超额条款方式进行赔付。

其次,由于道德风险问题一直根植于农民自身当中,因而对农民的培训指导工作不能懈怠。由于化肥和农作物产量之间也存在边际收益递减的规律,并非施肥越多越好,因而可采取定期举办座谈会或培训会的方式,对农民进行农业知识科普,提高农民的诚信意识,降低其道德风险发生的可能性。同时,还要进一步健全农业保险市场体系建设,坚持保险市场信息的透明化,增设有助于利益表达的制度性平台,用于农业保险市场各方进行信息反馈,进而减少农业保险市场的信息不对称,营造良好的农业保险市场运行环境,减少德风险问题的发生。

再次,政府应重视政地域差异以及受灾等级差异,实行差异化的管理方式。依据市场条件,相较于中西部地区,应适当提高东部地区省份的政策性农业保险的参保成本,从而适当降低东部地区省份的保险密度,进而缓解其化肥面源污染压力。而对于受灾风险高的省份,由于面临更大的参保需求,因而应把重心放到对农民的培训指导上,着力加大对受灾风险高的省份的农民进行教育培训的力度。

参考文献:

[1] 卢飞,张建清,刘明辉. 政策性农业保险的农民增收效应研究[J]. 保险研究, 2017(12):67-78.

[2] 马九杰,崔恒瑜,吴本健. 政策性农业保险推广对农民收入的增进效应与作用路径解析——对渐进性试点的准自然实验研究[J]. 保险研究, 2020(2):3-18.

[3] 李琴英,崔怡,陈力朋. 政策性农业保险对农村居民收入的影响——基于2006—2015年省级面板数据的实证分析[J]. 郑州大学学报(哲学社会科学版), 2018, 51(5):72-78.

[4] 朱蕊,江生忠. 我国政策性农业保险的扶贫效果分析[J]. 保险研究, 2019(2):51-62.

[5] 付小鹏,梁平. 政策性农业保险试点改变了农民多样化种植行为吗[J]. 农业技术经济, 2017(9):66-79.

[6] 闵继胜,孔祥智. 我国农业面源污染问题的研究进展[J]. 华中农业大学学报(社会科学版), 2016(2):59-66.

[7] 祝仲坤. 农业保险中的道德风险:一个文献综述[J]. 农林经济管理学报, 2016, 15(5):613-618.

[8] HOROWITZ J K, LICHTENBERG E. Insurance, moral hazard, and chemical use in agriculture[J]. American Journal of Agricultural Economics, 1993, 75(4):926-935.

[9] 钟甫宁,宁满秀,邢鹂,等. 农业保险与农用化学品施用关系研究——对新疆玛纳斯河流域农户的经验分析[J]. 经济学(季刊), 2006, 6(1):291-308.

［10］HE J, ZHENG X, REJESUS R, JR J Y. Input use under cost-of-production crop insurance: Theory and evidence［J］. Agricultural Economics, 2020, 51(3): 343-357.

［11］SMITH V H, GOODWIN B K. Crop insurance, moral hazard, and agricultural chemical use［J］. American Journal of Agricultural Economics, 1996, 78 (2): 428-438.

［12］张哲晰, 穆月英, 侯玲玲. 参加农业保险能优化要素配置吗? ——农户投保行为内生化的生产效应分析[J]. 中国农村经济, 2018(10): 53-70.

［13］MISHRA A K, WESLEY N R, EI-OSTA H S. Is moral hazard good for the environment? Revenue insurance and chemical input use［J］. Journal of Environmental Management, 2005, 74(1): 11-20.

［14］CHANG H H, MISHRA A K. Chemical usage in production agriculture: Do crop insurance and off-farm work play a part? ［J］. Journal of Environmental Management, 2012, 105: 76-82.

［15］HOROWITZ J K, LICHTENBERG E. Risk-reducing and risk-increasing effects of pesticides［J］. Journal of Agricultural Economics, 1994, 45(1), 82-89.

［16］侯孟阳, 姚顺波. 异质性条件下化肥面源污染排放的 EKC 再检验——基于面板门槛模型的分组[J]. 农业技术经济, 2019(4): 104-118.

［17］李谷成. 中国农业的绿色生产率革命:1978—2008 年[J]. 经济学(季刊), 2014, 13(2): 537-558.

［18］叶初升, 惠利. 农业生产污染对经济增长绩效的影响程度研究——基于环境全要素生产率的分析[J]. 中国人口·资源与环境, 2016, 26(4): 116-125.

［19］史常亮, 李赞, 朱俊峰. 劳动力转移、化肥过度使用与面源污染[J]. 中国农业大学学报, 2016, 21(5): 169-180.

［20］赖斯芸, 杜鹏飞, 陈吉宁. 基于单元分析的非点源污染调查评估方法

[J]. 清华大学学报(自然科学版)，2004(9)：1184-1187.

[21] 葛继红，周曙东. 农业面源污染的经济影响因素分析——基于1978—2009 年的江苏省数据[J]. 中国农村经济，2011(5)：72-81.

[22] 薛蕾，廖祖君，王理. 城镇化与农业面源污染改善——基于农民收入结构调节作用的空间异质性分析[J]. 农村经济，2019(7)：55-63.

[23] 罗斯炫，何可，张俊飚. 增产加剧污染？——基于粮食主产区政策的经验研究[J]. 中国农村经济，2020(1)：108-131.

[24] 张平淡，袁赛. 决胜全面小康视野的农民收入结构与农业面源污染治理[J]. 改革，2017(9)：98-107.

[25] 李谷成，李烨阳，周晓时. 农业机械化、劳动力转移与农民收入增长——孰因孰果？[J]. 中国农村经济，2018(11)：112-127.

[26] 李太平，张锋，胡浩. 中国化肥面源污染 EKC 验证及其驱动因素[J]. 中国人口·资源与环境，2011，21(11)：118-123.

[27] BECK T, LEVINE R, LEVKOV A. Big bad banks：the winners and losers from bank deregulation in the United States[J]. Journal of Finance, 2010, 65 (5)：1637-1667.

[28] 王立勇，祝灵秀. 贸易开放与财政支出周期性——来自PSM-DID 自然实验的证据[J]. 经济学动态，2019(8)：40-55.

[29] LU Y, TAO Z, ZHU L. Identifying FDI spillovers[J]. Journal of International Economics, 2017, 107：75-90.

[30] 周玉龙，杨继东，黄阳华，等. 高铁对城市地价的影响及其机制研究——来自微观土地交易的证据[J]. 中国工业经济，2018(5)：118-136.

[31] 王立勇，房鸿宇，谢付正. 中国农业保险补贴政策绩效评估：来自多期 DID 的经验证据[J]. 中央财经大学学报，2020(9)：24-34.

[32] 梁来存. 我国粮食保险纯费率厘定方法的比较与选择[J]. 数量经济技术经济研究，2011(2)：124-135.

农村信息化、耕地规模与农业化肥面源污染[①]

牛子恒　侯继君

摘　要:农村信息化对农业化肥面源污染的影响会因为耕地规模的不同而呈现非线性关系,因而农村信息化要在更大程度上发挥其环境效益,需要与一定的耕地规模相匹配。本文依据中国 31 个省(市、区)2005—2015 年的省际面板数据,分别采用熵值法和单元调查评估法测算农村信息化水平和农业化肥面源污染强度,探究农村信息化对农业化肥面源污染是否具有抑制作用,并进一步以耕地规模作为门槛变量,采用面板门槛模型,检验农村信息化对农业化肥面源污染的抑制作用是否存在依赖于耕地规模的门槛效应。究结果表明:(1)中国农村信息化水平呈现按东、中、西顺序依次递减的分布规律,且农村信息化在抑制农业化肥面源污染方面的作用明显。(2)农村信息化抑制农业化肥面源污染的作用效果存在依赖于耕地规模的门槛效应,当耕地规模突破 6.544 亩/人时,抑制作用显现,当耕地规模超过 11.165 亩/人后,抑制作用进一步增强。(3)在东部地区,农村信息化对农业化肥面源污染的抑制作用随耕地规模扩张而不断增强;而在中西部地区,农村信息化在抑制农业化肥面源污染方面的作用仅存在于一个较小的耕地规模范围。

关键词:农村信息化;农业化肥面源污染;耕地规模;门槛效应

---

①　牛子恒,安徽大学创新发展战略研究院博士生。研究方向为农业信息化。侯继君,上海海洋大学经济管理学院博士生。研究方向为农业绿色生产。

一、引 言

中国是世界上化肥施用量最多的国家之一,从农业农村部的统计数据来看,中国目前亩均化肥施用量为 21.9 公斤,是世界平均水平(亩均 8 公斤)的 2.7 倍,常见的氮肥、磷肥、钾肥的利用率仅为 33%、24%、42%,其利用率均不足 50%,这使得在化肥投入边际效应递减规律下,依靠一味地增加化肥施用量来实现粮食增产的空间已经越来越有限,且大量未利用化肥遗留所产生的农业化肥面源污染对农业可持续发展构成了严重威胁,并激发了对农业生态环境影响的严重负外部性。

中国农业生态环境恶化引发了学者对农业化肥面源污染影响因素的思考,如何有效治理农业化肥面源污染,对改善农村生态环境,实现农业经济高质量发展具有重要意义。尽管很多学者分析了诸多农业化肥面源污染的影响因素,但农村信息化作为抑制农业化肥面源污染的潜在动力往往被忽视。农村信息化是指将信息技术广泛渗透或应用到农村生产、生活以及社会管理中的过程。中国农村信息化建设起步较晚,但近些年国家对农村信息化建设的重视程度正逐步提高,农村信息化在农业生产中所发挥的作用正与日俱增。那么,农村信息化能否具有抑制农业化肥面源污染的作用? 同时,中国耕地资源较为匮乏,人均耕地面积不足 1.8 亩,远未达到适度规模经营的标准,而信息作为一类新型生产要素,要发挥抑制农业化肥面源污染的作用需要一定的耕地规模作为基础。那么,农村信息化对农业化肥面源污染的抑制作用是否存在依赖于耕地规模的门槛效应? 如若存在,这种非线性关系又具体是什么?

为回答上述问题,本文采用中国 31 个省份 2005—2015 年的省际面板数据,探究农村信息化是否会对农业化肥面源污染产生抑制作用,并进一步将耕地规模作为门槛变量,探究农村信息化对农业化肥面源污染的抑制作用是否存在依赖于耕地规模的门槛效应。本文的研究贡献可能在于:一方面,从信息化视角,为如何抑制农业化肥面源污染,实现农业经济高质量增长提供了新思路;另一方面,从规模经营视角,寻找发挥农村信息化改善农村生态环境作用的耕地规模临界值。

二、文献综述

现有关于农业化肥面源污染影响因素的文献可大致分为两类,即从线性关系视角和非线性关系视角。从线性关系视角来看,葛继红和周曙东利用1999—2009年的省际面板数据,研究发现化肥要素配置扭曲激发了农业化肥面源污染;史常亮等采用2004—2013年的省际面板数据证实,农村劳动力转移加剧了农业化肥面源污染;梁流涛等采用1990—2010年的省际面板数据,研究表明农村人口增长也是加剧农业化肥面源污染的重要原因;于伟咏等基于2002—2013年的省际面板数据,研究发现农资补贴是加剧农业化肥面源污染的驱动力。另一方面,向涛和綦勇利用2002—2009年多国面板数据,研究发现经济作物种植比重提高有助于抑制农业化肥面源污染;闫桂权等采用2002—2016年的省际面板数据,研究表明农业技术进步也是抑制农业化肥面源污染的重要动力。

从非线性关系来看,许多研究借鉴Dietz和Rosa所提出的STIRPAT模型框架,验证了中国农业经济发展水平或农民收入水平与农业化肥面源污染之间存在"倒U型"关系。李海鹏和张俊彪利用1998—2006年的省际面板数据,研究发现中国农业经济发展水平与农业化肥面源污染之间存在"倒U型"关系,揭昌亮等基于1988—2016年的省际面板数据也得到了相类似的研究结论;李太平等基于1990—2008年的省际面板数据,研究证实农村居民收入水平与农业化肥面源污染之间存在"倒U型"关系。此外,薛蕾等基于1997—2016年的省际面板数据,研究发现城镇化水平与农业化肥面源污染之间也存在倒U型"关系;而徐承红和薛蕾采用1990—2016年的省际面板数据,研究发现农业产业聚集程度与农业化肥面源污染之间存在"N型"关系。

然而,除上述影响因素外,农村信息化对农业化肥面源污染的影响也不容忽视。既有研究表明,农村信息化在抑制农业化肥面源污染方面具有巨大潜力,农村信息化可通过优化农民化肥要素配置、提高农村居民知识储备、加快环境友好型技术在农业生产环节中的扩散,降低农民化肥施用强度,进而抑制农业化肥面源污染。然而,相关实证研究较为缺乏。

同时,中国人口众多,但耕地较少,人均耕地面积狭小已成为制约中国农业发展的关键因素。Schultz 指出加快传统农业向现代化农业转变的关键在于引入现代化的农业生产要素,而信息作为一种典型的现代化生产要素要在农业生产中发挥作用更需要建立在一定的耕地规模基础之上。一些研究已经证实新型生产要素要在农业生产中发挥作用需要一定的耕地规模作为基础,陈飞等研究表明当耕地规模超过 4.760 亩/人时,农民才具备采用新型农业技术的动力;周晓时等发现当耕地规模超过 13.115 亩/人时,农民人力资本水平的提高,才能够促进农业生产效率的提高。因而,本文将耕地规模纳入分析框架,进一步检验农村信息化对农业化肥面源污染的抑制作用是否存在依赖于耕地规模的门槛效应。

综合上述分析可知,现有文献关注了不同因素对农业化肥面源污染的影响,而且认同要想使新型生产要素在农业生产中发挥作用,需要具备一定的耕地规模基础,但探究农村信息化对农业化肥面源污染影响的文献还较为缺乏,且进一步将耕地规模纳入同一分析框架的文献更是鲜见。与先前文献相比,本文所做的进一步深化在于:第一,从信息化视角,本文以农业化肥面源污染为例,关注了农村信息化在抑制农业化肥面源污染方面的环境效益;第二,本文从规模经营视角切入,检验了农村信息化对农业化肥面源污染的抑制作用是否存在依赖于耕地规模的门槛效应,为进一步强化农村信息化在改善农村生态环境方面的作用提供了有价值的参考依据。

三、机制分析与研究假设

(一)农村信息化对农业化肥面源污染的抑制作用机制

农村信息化在抑制农业化肥面源污染方面的作用巨大。具体而言:第一,农村信息化能够实现化肥生产要素的合理配置。长期以来,以付出环境为代价的高化肥投入驱动农业增产的生产方式是中国小农生产经营的主要特点之一,而农村信息化能够降低信息的搜寻成本,促进与化肥施用相关的信息传播,这有助于农民合理优化化肥要素配置,扭转农民"高化肥消耗"的传统农业生产方式,抑制农业化肥面源污染。第二,农村信息化能够提高农村居民知识储备。农村信息化能够通过强化知识的溢出效应,继而提高农村居民的知识文化水平,促使农民改变化肥施用的不良习惯,提高其化肥施用的科学性,抑制农业化肥面源污染。第三,农村信息化会加快环境友好型技术的扩散。农村信息化加快了环境友好型技术信息的传播速度,这有助于促进水肥滴灌技术、有机肥等环境友好型技术在农业生产过程中的推广与应用,进而能够提高农民化肥的施用效率或降低农民的化肥施用量,抑制农业化肥面源污染。基于上述分析,本文提出如下假设:

H_1:农村信息化能够抑制农业化肥面源污染

(二)耕地规模的门槛效应机制

当前,中国土地细碎化问题严重,人均耕地严重不足,与规模经营的标准还存在较大差距,这加剧了化肥市场的要素配置扭曲,限制了农村人力资本投资的合理回报率并使农业技术推广缺乏驱动力,严重制约了中国农业的发展。因此,要使农村信息化发挥优化化肥要素配置,提高农村居民知识储备,促进环境友好型农业技术扩散的作用,进而达到抑制农业化肥面源污染的目的,就需要一定的耕地规模作为外部环境基础,才能发挥其最大效果。此外,近年来国家一直强调农业要走适度规模经营道路,农民耕地规模的扩张,不仅会突破耕地规模门槛限制,还会进一步强化农村信息化对农业化肥面源污染的抑制作用。第一,在中国人多地少的现实国情下,大多数农户面临耕地资源不足的限制,农民为获得较高的农业产出,便会加剧其土地的集约化使用程度,而土地的集约化使用要求农民要在有限的耕地面积上,集中投入大量的生产要素,这无疑会加剧农民的化肥施用强度,但随着农民耕地规模的扩张,会逐渐地缓解其土地的集约化使用程度,这为农村信息化在优化化肥要素配置方面提供了更大的作用空间,从而避免化肥的过度施用。第二,中国狭小的耕地规模限制了农村教育的合理回报率,导致劳动力的选择性转移,但随着耕地规模的扩张,将有助于避免农村人力资本水平浅化,这有助于保障农村人力资本保持较高水平,从而加深农村信息化在强化知识溢出方面的作用,继而进一步增加农村居民的知识储备,使得农民化肥施用的科学性进一步提高。第三,农民耕地规模的扩张,有助于农民获得由规模化经营所带来的外部效益,在规模化经营的驱动下,降低了农民采用水肥滴灌技术、有机肥等环境友好型技术的边际成本,这有助于进一步强化农村信息化在促进环境友好型技术推广方面的作用效果,进而提高化肥的利用效率或降低化肥的施用强度。基于上述分析,本文提出如下研究假设:

H_2:农村信息化对农业化肥面源污染的抑制作用存在依赖于耕地规模的门槛效应,当耕地规模突破门槛值后,农村信息化对农业化肥面源污染的抑制作用才显现,且随着耕地规模的进一步扩张,农村信息化对农业化肥面源污染的抑制作用也进一步增强。

四、研究设计

(一)模型构建

为探究农村信息化对农业化肥面源污染的影响,本文构建如下基准回归模型:

$$TE_{it} = a_0 + \lambda Inf_{it} + \beta control_{it} + \varepsilon_{it} \tag{1}$$

上式中,TE_{it} 为第 i 个省份第 t 年的农业化肥面源污染强度,Inf_{it} 为第 i 个省份第 t 年的农村信息化水平,λ 为其估计系数。$control_{it}$ 为第 i 个省份第 t 年影响农业化肥面源污染强度的控制变量向量,β 为其估计系数向量,ε_{it} 为随机误差项,a_0 为常数项。

进一步,为检验农村信息化对农业化肥面源污染的抑制作用是否存在依赖于耕地规模的门槛效应,本文借鉴 Hansen 所提出的面板门槛回归模型的基本形式,构建如下单一门槛回归模型:

$$TE_{it} = a_0 + \lambda_1 Inf_{it} I(Size_{it} \leq \gamma) + \lambda_2 Inf_{it} I(Size_{it} > \gamma) + \beta control_{it} + \mu_{it} \tag{2}$$

上式中,$I(\cdot)$ 为一个指示性函数,$Size_{it}$ 为第 i 个省份第 t 年的耕地规模,γ

为耕地规模特定的门槛值，μ_{it} 为随机误差项。当耕地规模的门槛值不止一个时，以双门槛为例，可将其设定为：

$$TE_{it} = a_0 + \lambda_1 Inf_{it} I(Size_{it} \leq \gamma_1) + \lambda_2 Inf_{it} I(\gamma_1 < Size_{it} \leq \gamma_2)$$
$$+ \lambda_3 Inf_{it} I(Size_{it} > \gamma_2) + \beta control_{it} + \mu_{it} \tag{3}$$

依据 Hansen[25] 的研究，门槛值 γ 的确定是通过栅格化搜索方式，当门槛回归模型的残差平方和最小时，其对应门槛值即为 γ 。

(二) 变量选取

1. 被解释变量

本文的被解释变量为农业化肥面源污染强度。由于农业化肥面源污染具有扩散快、数据统计难的特点，与现有研究的一般做法一致，本文拟采用单元调查评估法来核算农业化肥面源污染强度。借鉴史常亮等的单元调查评估法基本思路，确定统计的农业化肥面源污染物指标为总氮和总磷，调查的污染单元为氮肥、磷肥、复合肥，按照氮肥、磷肥、复合肥的化学成分，确定的氮肥、磷肥、复合肥中总氮的产污系数分别为 1、0、0.33，总磷的产污系数分别为 0、0.44、0.15。在借鉴赖斯芸等总结的化肥流失率系数的基础上，进而得到农业化肥面源污染的总排放量为：

$$E_{it} = \sum_{s=1}^{3} EU_{its} \cdot \rho_s \cdot \eta_s \tag{4}$$

上式中，E_{it} 为第 i 个省份第 t 年的农业化肥面源污染的总排放量，$s \in [1, 2, 3]$ 表示 3 种不同的化肥品种，EU_{its} 为第 i 个省份第 t 年的第 s 种化肥折纯施用量，ρ_s 为第 s 种化肥的产污系数，η_s 为第 s 种化肥的流失率系数。进一步可得到农业化肥面源污染强度：

$$TE_{it} = E_{it}/AS_{it} \tag{5}$$

上式中，AS_{it} 为第 i 个省份第 t 年的农作物总播种面积。

2. 核心解释变量

本文的核心解释变量为农村信息化水平。目前对于农村信息化的测度并没有一致的测度方法，但大多数文献普遍认为农民的基本信息接收途径是农村信息化的基础支撑,使用各省份农民拥有的信息装备载体数量作为农村信息化的评价指标具有较好的代表性。因此,本文在参照现有研究选择指标的基础上,充分考虑数据的可得性,选取农村投递路线总长度、农村每百户居民的计算机拥有量、移动电话拥有量以及彩色电视机拥有量构建衡量农村信息化水平的指标体系。同时,鉴于熵值法能够真实客观地反映各项指标的变异程度,并避免人为赋予权重所造成的主观偏差,本文拟采用熵值法测度每个省份的农村信息化水平,具体测算方法限于篇幅限制不再赘述,可参见 Laureti 等的研究。

3.门槛变量

本文的门槛变量和调节变量均为耕地规模。考虑到土地的实际利用状况、数据可得性以及统计口径的一致与可对比性,本文与陈飞[20]、周晓时等[19]的研究一致,采用各省份农作物总播种面积与第一产业从业人员数量的比值进行取值。

4.控制变量

本文在参照以往文献的基础上,选取农村人力资本水平、农村人口规模,财政支农支出、农民收入水平及其平方项作为控制变量。其中,人力资本水平按照国家所划分的文盲及半文盲、小学、初中、高中或中专、大专及以上五类劳动力受教育程度统计口径,分别对应 0 年、6 年、9 年、12 年和 15.5 年的受教育年限,计算出农村劳动力的平均受教育年限对该变量进行取值,农村人口规模采用乡村人口总数量进行取值,财政支农支出采用国家财政支出项中与农业相关的支出总和进行取值,农民收入水平及其平方项采用农村居民人均纯收入及其二次项进行取值,同时为剔除价格因素影响,本文用农村居民消费价格指数对其进行了平减处理。

(三)数据来源与描述性统计

本文使用中国 31 个省份(未包含香港、澳门以及台湾)2005—2015 年的省际面板数据进行实证分析。各变量数据均来自于《中国农村统计年鉴》《中国农业年鉴》以及《中国统计年鉴》,各省份的统计年鉴起到对数据缺失值进行填补的作用,变量的描述性统计情况如表 2 所示。

表2 变量描述性统计

类型	变量	单位	样本量	均值	标准差	最小值	最大值
被解释变量	农业化肥面源污染强度	万吨/百万公顷	341	3.997	2.713	0.786	11.451
核心解释变量	农村信息化水平	——	341	0.284	0.186	0.056	0.886
门槛变量	耕地规模	亩/人	341	8.754	4.527	3.493	31.455
控制变量	农村人力资本水平	年	341	8.151	1.160	2.973	10.725
	乡村人口规模	千万人	341	2.203	1.579	0.215	8.001
	财政支农支出	百亿元	341	2.615	2.069	0.096	10.086
	农民收入水平	万元/人	341	0.529	0.282	0.170	1.651
	农民收入水平的平方项	万元²/人²	341	0.359	0.428	0.029	2.727
农业化肥面源污染调查单元	氮肥施用量	万吨	341	75.382	57.606	1.480	245.502
	磷肥施用量	万吨	341	25.913	24.208	0.598	121.701
	复合肥施用量	万吨	341	57.278	54.825	1.020	296.310
农村信息化水平评价指标	农村投递路线长度	千公里	341	118.575	70.900	4.987	272.355
	每百户农村居民移动电话拥有量	部/百人	341	148.008	64.838	7.302	281.527
	每百户农村居民彩电拥有量	台/百人	341	109.161	21.557	48.541	198.002
	每百户农村居民计算机拥有量	台/百人	341	13.897	15.143	0.168	75.012

五、结果分析

（一）农村信息化水平的时空分布特征

由于中国东、中、西部地区在经济水平以及自然条件方面均存在较大的系统性差异，因而本文按照东、中、西的空间差异探究了农村信息化水平的时空分布特征，如图1所示。从图可知，中国东、中、西部地区的农村信息化水平存在明显的层级分化，东部的农村信息化水平较高，中西部地区的农村信息化水平较低。这意味着在农村信息化建设方面，国家对中西部地区的建设支持力度有待进一步增强。从时间趋势来看，中国东、中、西部地区的农村信息化水平均大体呈现随时间推移不断提高的趋势，且均在2010年之后出现了农村信息化水

平的较大幅度提高,这可能是在 2010 年中国政府为进一步推动农业农村信息
化建设,开始实施 2010—2012 年农业农村信息化行动计划的原因。

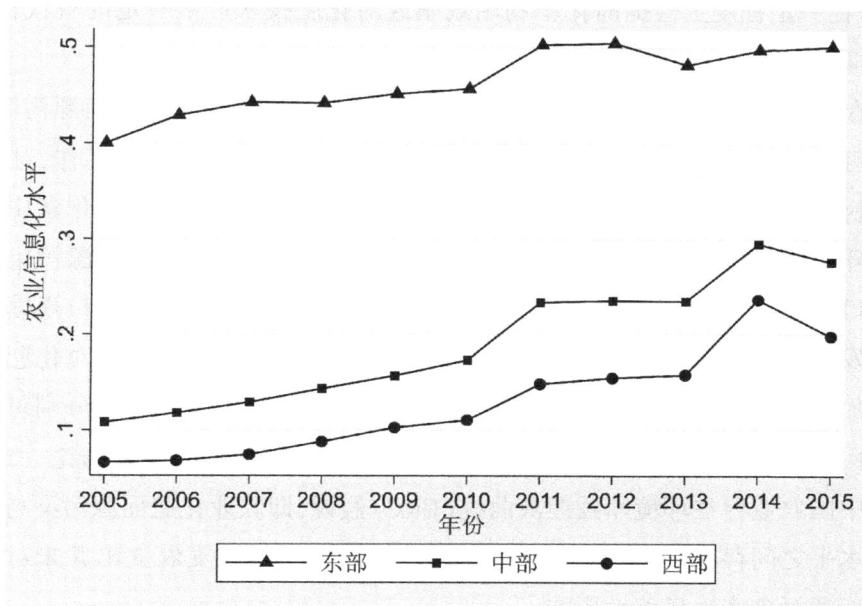

图 1　农村信息化水平的时空分布

(二)基准回归模型的估计结果分析

基准回归模型的估计结果如表 3 所示。F 检验的统计值为 161.11,且通过
1%的显著性检验,这说明固定效应模型要优于 OLS 模型。同时,Hausman 检验
的卡方值为 33.04,且通过 1%的显著性检验,这说明固定效应模型优于随机效
应模型。综合上述分析,本文使用固定效应模型的估计结果进行讨论分析。固
定效应模型的估计结果表明,农村信息化水平的估计系数为 -1.360,且通过了
1%的显著性水平检验,这说明农村信息化能够抑制农业化肥面源污染,即假设
H₁ 得到验证。其原因可能在于:首先,农村信息化通过优化农民的化肥要素配
置,促使农民能够合理地调整化肥施用量,改变了传统高化肥投入的农业生产
方式,抑制农业化肥面源污染;其次,农村信息化通过强化知识的溢出效应,提

165

高了农村居民的文化知识水平,进而促使农村居民提高了化肥施用的合理及科学性;再次,农村信息化促进了水肥滴灌技术、有机肥等环境友好型技术的推广,这在一定程度上会提高化肥利用效率或对化肥投入产生一定的替代作用,进而抑制农业化肥面源污染。

在控制变量方面,农村人力资本水平的提高激发了农业化肥面源污染,其原因可能在于,高人力资本水平的农村劳动力更倾向于从事非农工作,这加剧了农村劳动力的非农化趋势,而遗留下的农村老龄化劳动力普遍文化素质较低并且环保意识淡薄,进而提高了化肥施用强度,加剧了农业化肥面源污染。农村人口规模对农业化肥面源污染产生显著正向影响,这说明农村人口规模的扩大激发了农业化肥面源污染,这是由于农村人口规模的扩大引发了对化肥需求的增加,进而加剧了农业化肥面源污染。农民收入水平及其平方项分别对农业化肥面源污染产生显著的正向和负向影响,这与以往文献的研究结论一致,印证了中国农业存在环境库兹涅茨曲线(EKC)假说,即农业化肥面源污染与农民收入水平之间存在"倒 U 型"的非线性关系。此外,财政支农支出并未对农业化肥面源污染产生显著性影响。

表 3 基准回归模型

变量	OLS	固定效应	随机效应
	农业化肥面源污染强度	农业化肥面源污染强度	农业化肥面源污染强度
农村信息化水平	−1.422 (0.926)	−1.360*** (0.490)	−0.772* (0.416)
农村人力资本水平	0.240** (0.111)	0.528*** (0.157)	0.651*** (0.145)
农村人口规模	0.262*** (0.076)	0.195** (0.084)	0.183** (0.080)
财政支农支出	−0.363*** (0.071)	−0.049 (0.038)	−0.081** (0.037)

续表

变量	OLS	固定效应	随机效应
	农业化肥面源污染强度	农业化肥面源污染强度	农业化肥面源污染强度
农民收入水平	9.416***	2.447***	2.445***
	(1.907)	(0.879)	(0.899)
农民收入水平的平方项	-3.710***	-1.350***	-1.250***
	(0.997)	(0.394)	(0.405)
常数项	-2.420***	-0.212	-1.338
	(0.833)	(1.206)	(1.154)
样本量	341	341	341
R²	0.559	0.148	0.140
F 检验	161.11***		
	(0.000)		
Hausman 检验	33.04***		
	(0.000)		

注:＊＊＊、＊＊、＊分别表示在1%、5%、10%的水平下显著,括号内数字为标准误,Hausman 检验和 F 检验括号内数字为 P 值。

(三)门槛回归模型的估计结果分析

为了确定门槛回归模型的具体形式,本文进行了门槛效应的相关检验,其结果如表4所示。单一门槛的 F 统计值为 97.58,在 1%水平下显著;双重门槛的 F 统计值为 48.64,在 5%水平下显著,但三重门槛的 F 统计值并未通过显著性检验。这表明应建立以耕地规模为门槛变量的双重门槛回归模型。

表4 耕地规模门槛效应相关检验

模型类别	F 统计值	P 值	自抽样次数	临界值		
				10%	5%	1%
单一门槛	97.58***	0.003	300	34.878	40.691	65.329
双重门槛	48.64**	0.023	300	29.637	41.008	55.495
三重门槛	51.20	0.493	300	88.064	98.999	137.417

注:＊＊＊、＊＊、＊分别表示在1%、5%、10%的水平下显著

在确定使用双重门槛回归模型后,表5报告了耕地规模双重门槛的估计值及其置信区间。从估计结果可知,耕地规模的第一门槛值为 6.544 亩/人,第二

门槛值为 11.165 亩/人。依据耕地规模的双重门槛值,可以将耕地规模分为三个区间,即小耕地规模($Size \leq 6.544$)、中等耕地规模($6.544 < Size \leq 11.165$)以及大耕地规模($Size > 11.165$)。

表 5 耕地规模门槛值估计结果

门槛变量	门槛类型	门槛估计值	95%置信区间	
			下限	上限
耕地规模	第一门槛	6.544	6.455	6.561
	第二门槛	11.165	11.079	11.364

进一步,为了检验耕地规模双重门槛值估计结果的真实性,本文采用似然比检验,其结果如图 2 所示,其中左侧为第一门槛值的似然比检验,右侧为第二门槛值的似然比检验,虚线为 LR 统计量在 5% 显著水平下对应的临界值 7.352。从图示结果可知,双重门槛值所对应的 LR 统计量的值要明显低于 7.352。这可说明,耕地规模的双重门槛值至少可通过 5% 的显著性水平检验,即本文所估计的耕地规模的双重门槛值是真实有效的。

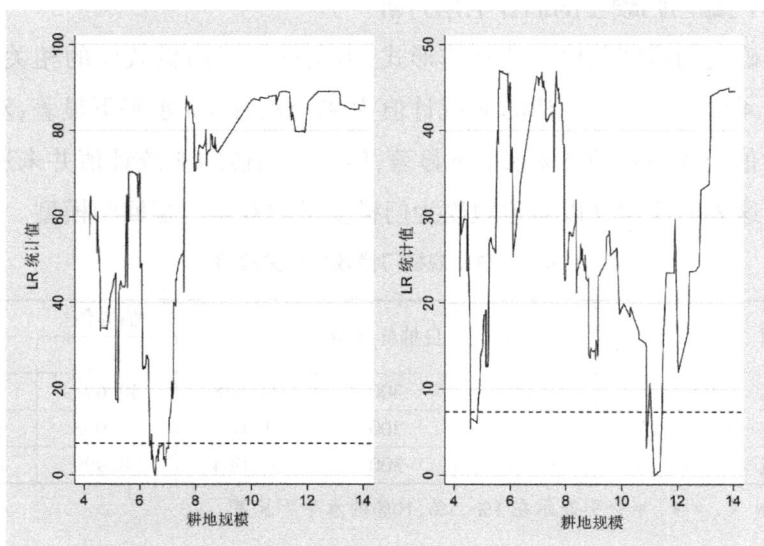

图 2 双重门槛估计值的似然比检验

　　双重门槛回归模型的估计结果如表 6 所示,其中回归 1 中未添加控制变量,回归 2 中添加控制变量。从估计结果来看,回归 1 和回归 2 的估计结果差异不大,因而本文使用添加控制变量的回归 2 对模型进行解释。

　　从回归 2 的估计结果可知,当耕地规模小于 6.544 亩/人时,农村信息化的估计系数为 0.509,但未通过显著性检验;当耕地规模介于 6.544 亩/人和 11.165 亩/人之间时,农村信息化的估计系数为 −0.776,且在 10%水平下显著;当耕地规模大于 11.165 亩/人之间时,农村信息化的估计系数为 −2.399,且在 1%水平下显著,整体上估计系数由正到负,表现为随着耕地规模的扩张,农村信息化对农业化肥面源污染的抑制作用不断增强的变化趋势。这说明,当耕地规模较小时,农村信息化无法发挥抑制农业化肥面源污染的作用,只有当耕地规模至少达到 6.544 亩/人时,农村信息化对农业化肥面源污染的抑制作用才会显现,且随着耕地规模的进一步扩张并超过 11.165 亩/人后,农村信息化对农业化肥面源污染的抑制作用进一步增强,即假设 H_2 得证。这可能是由于当耕地规模突破 6.544 亩/人后,达到了使农村信息化发挥优化农民化肥要素配置、提高农村居民知识储备以及促进环境友好型技术扩散作用的耕地规模基础,农村信息化抑制农业化肥面源污染的作用效果开始显现。同时,随着耕地规模的进一步扩张,减缓了农民土地集约化使用程度、避免了农村人力资本水平弱化且促进了环境友好型技术的加速扩散,进一步增强了农村信息化在抑制农业化肥面源污染方面的作用。

表 6　双重门槛回归模型估计结果

变量	回归 1	回归 2
	农业化肥面源污染强度	农业化肥面源污染强度
农村信息化水平(*Size*≤6.544)	0.495	0.509
	(0.435)	(0.447)
农村信息化水平(6.544<*Size*≤11.165)	−0.774*	−0.776*
	(0.411)	(0.407)
农村信息化水平(*Size*>11.165)	−2.328 * * *	−2.399 * * *
	(0.452)	(0.453)

续表

变量	回归 1 农业化肥面源污染强度	回归 2 农业化肥面源污染强度
控制变量	否	是
常数项	1.685＊＊＊	1.921＊＊＊
	（0.445）	（0.611）
样本量	341	341
R^2	0.410	0.426

注：＊＊＊、＊＊、＊分别表示在1%、5%、10%的水平下显著，括号内数字为标准误。

（四）稳健性检验

门槛回归模型的估计结果整体上表现为随着耕地规模的不断扩张，农村信息化对农业化肥面源污染的抑制作用不断增加。因而，为了验证门槛回归模型的稳健性，本文采用调节效应模型进行验证，其估计结果如表7所示。两个回归模型的 Hausman 检验均表明固定效应模型要优于随机效应模型，因此均是采用固定效应模型进行分析。估计结果表明，在未添加农村信息化水平与耕地规模交互项的情况下，农村信息化水平和耕地规模对农业化肥面源污染强度的影响均显著为负，并且在添加交互项后，农村信息化水平与耕地规模的交互项估计系数为负，且通过了 10% 的显著性水平检验，依据温忠麟等[32]的调节效应检验顺序，说明耕地规模的调节效应存在，即随着耕地规模的扩大，农村信息化对农业化肥面源污染的抑制作用不断增强，这印证了门槛回归模型的估计结果是稳健的。

表7　调节效应模型估计结果

变量	农业化肥面源污染强度	农业化肥面源污染强度
农村信息化水平	−0.937＊＊	−0.768＊
	（0.458）	（0.463）
耕地规模	−0.199＊＊＊	−0.172＊＊＊
	（0.028）	（0.033）
农村信息化水平×耕地规模	—	−0.129＊
		（0.073）
控制变量	是	是

续表

变量	农业化肥面源污染强度	农业化肥面源污染强度
常数项	3.641＊＊＊	2.902＊＊
	（1.243）	（1.342）
样本量	341	341
R²	0.269	0.304
Hausman 检验	21.63＊＊＊	20.47＊＊＊
	（0.003）	（0.009）

注：＊＊＊、＊＊、＊分别表示在1%、5%、10%的水平下显著,括号内数字为标准误,*Hausman*
检验括号内数字为 *P* 值。

六、耕地规模门槛效应的进一步讨论

由于中国东部与中西部之间存在较大的系统性差异,特别是在农村信息化
水平方面,前文分析表明东部的农村信息化水平要远高于中西部,而中西部地
区的农村信息化水平差异并不大,这意味着对于地区而言,耕地规模的门槛效
应可能存在差异。因此,为进一步细化不同地区的耕地规模门槛效应,本文将
样本分为东部与中西部,探究了耕地规模门槛效应的异质性。东部与中西部耕
地规模门槛效应的相关检验如表 8 所示。从检验结果可知,对东部地区而言,
存在双重门槛效应,而对于中西部地区而言,仅存在单一门槛效应。

表 8　东部与中西部地区地规模门槛效应相关检验

地区	模型类别	F 统计值	P 值	自抽样次数	临界值		
					10%	5%	1%
东部	单一门槛	44.23＊＊＊	0.009	300	23.556	31.389	42.996
	双重门槛	26.19＊＊	0.003	300	19.679	23.581	31.566
	三重门槛	22.32	0.193	300	47.986	64.031	112.910
中西部	单一门槛	45.82＊＊	0.047	300	35.6856	44.909	65.064
	双重门槛	9.56	0.767	300	28.844	32.654	47.444

注：＊＊＊、＊＊、＊分别表示在1%、5%、10%的水平下显著

在对东部和中西部地区的耕地规模门槛效应进行检验后,表9报告了东部
和中西部地区的耕地规模门槛估计值及其置信区间。从估计值的结果可知,东
部地区耕地规模的第一门槛值为 6.929 亩/人,第二门槛值为 11.149 亩/人,这

与全国样本估计得到的门槛值相比,差异较小;对于中西部地区而言,仅存在单一门槛值为 7.628 亩/人。

表 9　东部与中西部地区耕地规模门槛值估计结果

地区	门槛变量	门槛类型	门槛估计值	95%置信区间	
				下限	上限
东部	耕地规模	第一门槛	6.929	6.477	7.045
		第二门槛	11.149	10.392	11.431
中西部	耕地规模	第一门槛	7.628	7.602	7.632

进一步,本文采用似然比检验对东部与中西部耕地规模门槛值估计结果的真实性进行检验,其结果如图 3 所示,图中上部分为中西部地区的耕地规模门槛值的似然比检验,下部分为东部地区的耕地规模门槛值的似然比检验(左侧为第一门槛值,右侧为第二门槛值)。从图中结果可知,无论是东部,还是中西部,其门槛估计值所对应的 LR 统计量的值要明显低于 7.352,这可说明,东部与中西部地区所估计的耕地规模门槛值是真实有效的。

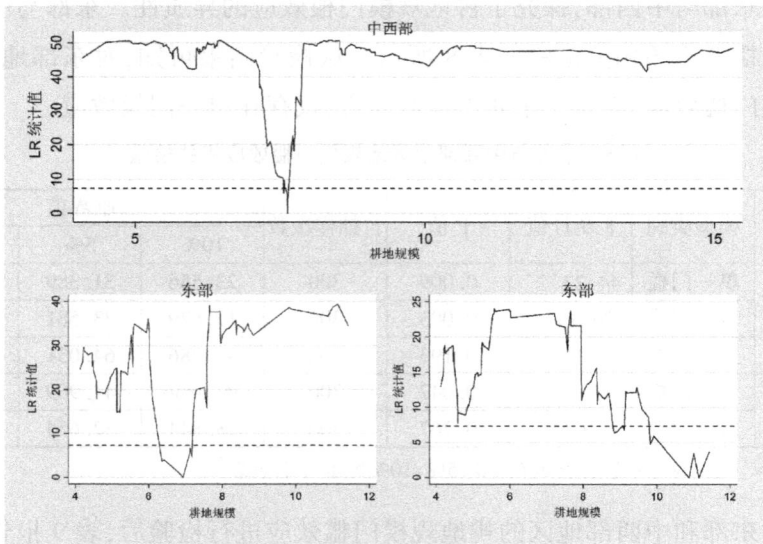

图 3　东部与中西部门槛估计值的似然比检验

　　东部与中西部地区门槛回归模型的估计结果如表 10 所示。从估计结果可知,对于东部地区而言,只有当耕地规模至少达到 6.929 亩/人时,农村信息化对农业化肥面源污染的抑制作用才会显现,且随着耕地规模的进一步扩张并超过 11.149 亩/人后,农村信息化对农业化肥面源污染的抑制作用进一步增强,这意味着东部地区农村信息化水平较高,其农村信息化随耕地规模扩张对农业化肥面源污染的抑制作用不断增强。然而,对于中西部地区而言,仅当耕地规模小于 7.628 亩/人时,农村信息化才对农业化肥面源污染产生抑制作用,当耕地规模超过 7.628 亩/人后,农村信息化才对农业化肥面源污染的抑制作用消失,这说明中西部地区的农村信息化水平较低,农村信息化发挥抑制农业化肥面源污染作用仅存在于一个较小的耕地规模范围,而当超过这个规模后,农村信息化水平不再足以成为抑制农业化肥面源污染的驱动力。

表 10　东部与中西部地区门槛回归模型估计结果

变量	农业化肥面源污染强度	
	东部(高农村信息化水平)	中西部(低农村信息化水平)
农村信息化水平($Size \leq 6.929$)	1.231 (0.962)	—
农村信息化水平($6.929 < Size \leq 11.149$)	-1.421** (0.714)	—
农村信息化水平($Size > 11.149$)	-3.209*** (0.775)	—
农村信息化水平($Size \leq 7.628$)	—	-0.855** (0.405)
农村信息化水平($Size > 7.628$)	—	1.019 (1.346)
控制变量	是	是
常数项	6.853** (3.101)	2.398*** (0.895)
样本量	110	231
R^2	0.219	0.225

　　注:***、**、*分别表示在 1%、5%、10%的水平下显著,括号内数字为标准误。

173

七、研究结论与政策启示

(一)研究结论

本文依据中国 31 个省(市、区)2005—2015 年的省际面板数据,在利用熵值法测度各省份农村信息化水平以及采用单元调查评估法核算各省份农业化肥面源污染强度的基础上,探究农村信息化对农业化肥面源污染是否具有抑制作用,并进一步以耕地规模作为门槛变量,采用面板门槛模型,检验农村信息化对农业化肥面源污染的抑制作用是否存在依赖于耕地规模的门槛效应。究结果表明:第一,中国农村信息化水平呈现按东、中、西顺序依次递减的分布规律,且农村信息化在抑制农业化肥面源污染方面的作用明显;第二,农村信息化抑制农业化肥面源污染的作用效果存在依赖于耕地规模的门槛效应,当耕地规模突破 6.544 亩/人时,抑制作用显现,当耕地规模超过 11.165 亩/人后,抑制作用进一步增强。第三,在东部地区农村信息化对农业化肥面源污染的抑制作用随耕地规模扩张而不断增强;而在中西部地区农村信息化在抑制农业化肥面源污染方面的作用仅存在于一个较小的耕地规模范围。

(二)政策启示

依据本文的主要研究结论,提出如下政策建议:第一,继续加大农村信息化建设的支持力度。具体而言,一方面要加大对农村基础网络建设的投入,加快推动农村宽带通信网、移动互联网、数字电视网的发展,并推进对农村广播电视等基础设施的改造与升级,从而夯实农村信息化的建设基础;另一方面要加大与"三农"相关的信息技术产品的开发力度,形成多样化的信息供给模式,并构建农业综合网络服务平台,从而提高农业生产的标准化、智能化、精准化水平。第二,合理加快农村土地流转速度并着重培育多种新型农业经营主体。农村信息化对农业化肥面源污染的抑制作用存在依赖于耕地规模的门槛效应,且随着耕地规模的扩张,其抑制农业化肥面源污染的作用更强。因此,应合理加快农村土地流转速度,进而提高农民的规模化经营程度,使其能够突破耕地规模的限制,享受农村信息化的环境效益。同时,着重培育以家庭农场及合作社为代表的以规模化经营为主要特征的新型农业经营主体,并将这些新型农业经营主体作为农村信息化建设的重要载体,使农村信息化能够发挥更大的环境效益。第三,将农村信息化建设重心向中西部地区倾斜。对于中西部地区而言,农村信息化抑制农业化肥面源污染的作用受到其农村信息化水平较低的限制,因而政府应将更多的农村信息化建设扶持政策向中西部地区倾斜,着力提高中西部地区的农村信息化水平,使中西部地区能够突破农村信息化发展瓶颈,这对于改善中西部地区的农村生态环境具有重要意义。

参考文献:

[1] 侯孟阳,姚顺波. 异质性条件下化肥面源污染排放的 EKC 再检验——基于面板门槛模型的分组 [J]. 农业技术经济,2019(4):104-118.

[2] 闵继胜,孔祥智. 我国农业面源污染问题的研究进展 [J]. 华中农业大学学报(社会科学版),2016(2):59-66.

[3] 崔凯,冯献. 我国农业农村信息化的阶段性特征与趋势研判[J]. 改革,2020(6):125-135.

[4] 葛继红,周曙东. 要素市场扭曲是否激发了农业面源污染——以化肥为例 [J]. 农业经济问题,2012,33(3):92-98.

[5] 史常亮,李赟,朱俊峰. 劳动力转移、化肥过度使用与面源污染 [J]. 中国农业大学学报,2016,21(5):169-180.

[6] 梁流涛,曲福田,冯淑怡. 经济发展与农业面源污染:分解模型与实证研究 [J]. 长江流域资源与环境,2013,22(10):1369-1374.

[7] 于伟咏,漆雁斌,余华. 农资补贴对化肥面源污染效应的实证研究——基于省级面板数据 [J]. 农村经济,2017(2):89-94.

[8] 向涛,綦勇. 粮食安全与农业面源污染——以农地禀赋对化肥投入强度的影响为例 [J]. 财经研究,2015,41(7):132-144.

[9] 闫桂权,何玉成,张晓恒. 绿色技术进步、农业经济增长与污染空间溢出——来自中国农业水资源利用的证据 [J]. 长江流域资源与环境,2019,

28(12)：2921-2935.

[10] DIETZ T, ROSA E. Rethinking the impacts of population, affluence and technology [J]. Human Ecology Review 1994, 1：277-300.

[11] 李海鹏, 张俊飚. 中国农业面源污染与经济发展关系的实证研究 [J]. 长江流域资源与环境, 2009, 18(6)：585-590.

[12] 揭昌亮, 王金龙, 庞一楠. 中国农业增长与化肥面源污染：环境库兹涅茨曲线存在吗？[J]. 农村经济, 2018(11)：110-117.

[13] 李太平, 张锋, 胡浩. 中国化肥面源污染 EKC 验证及其驱动因素 [J]. 中国人口·资源与环境, 2011, 21(11)：118-123.

[14] 薛蕾, 廖祖君, 王理. 城镇化与农业面源污染改善——基于农民收入结构调节作用的空间异质性分析[J]. 农村经济, 2019(7)：55-63.

[15] 徐承红, 薛蕾. 农业产业集聚与农业面源污染——基于空间异质性的视角[J]. 财经科学, 2019(8)：82-96.

[16] 方向明, 刘成. 以信息化为先导推动农业现代化建设：挑战和应对策略 [J]. 新疆师范大学学报(哲学社会科学版), 2018, 39(4)：68-74.

[17] 袁赛, 隆重, 高雪姮. 农业现代化、信息化与农业面源污染研究 [J]. 环境科学与管理, 2017, 42(6)：48-52.

[18] SCHULTZ T W. Investment in human capital [J]. The American Economic Review, 1961, 51：1-17.

[19] 周晓时, 李谷成, 刘成. 人力资本、耕地规模与农业生产效率 [J]. 华中农业大学学报(社会科学版), 2018(2)：8-17.

[20] 陈飞. 农业生产技术采用的耕地规模门限效应研究 [J]. 财经问题研究, 2015(6)：78-86.

[21] 韩海彬, 张莉. 农业信息化对农业全要素生产率增长的门槛效应分析[J]. 中国农村经济, 2015(8)：11-21.

[22] TAN S, HEERINK N, QU F. Land fragmentation and its driving forces in China [J]. Land Use Policy, 2006, 23(3)：272-285.

[23] 刘乐,张娇,张崇尚,等. 经营规模的扩大有助于农户采取环境友好型生产行为吗——以秸秆还田为例 [J]. 农业技术经济,2017(5):17-26.

[24] 李文华,刘某承,闵庆文. 中国生态农业的发展与展望 [J]. 资源科学,2010,32(6):1015-1021.

[25] HANSEN B E. Threshold effects in non-dynamic panels:Estimation, testing, and inference [J]. 1999,93(2):345-368.

[26] 赖斯芸,杜鹏飞,陈吉宁. 基于单元分析的非点源污染调查评估方法 [J]. 清华大学学报(自然科学版),2004(9):1184-1187.

[27] 王艾敏. 中国农村信息化存在"生产率悖论"吗?——基于门槛面板回归模型的检验 [J]. 中国软科学,2015(7):42-51.

[28] 徐小琪,李燕凌. 我国农业信息化发展及主要推动因素分析 [J]. 江西社会科学,2019,39(4):195-200.

[29] 高杨,牛子恒. 农业信息化、空间溢出效应与农业绿色全要素生产率——基于 SBM-ML 指数法和空间杜宾模型 [J]. 统计与信息论坛,2018,33(10):66-75.

[30] LAURETI T, SECONDI L, BIGGERI L. Measuring the efficiency of teaching activities in Italian universities:An information theoretic approach [J]. Economics of Education Review, 2014, 42:147-164.

[31] 张平淡,袁赛.决胜全面小康视野的农民收入结构与农业面源污染治理 [J]. 改革,2017(9):98-107.

[32] 温忠麟,侯杰泰,张雷. 调节效应与中介效应的比较和应用[J]. 心理学报,2005(2):268-274.

专栏四

其　他

网络购物赋能与居民幸福感提升
——作用机制与实证检验[①]

内容提要：本文运用 2017 年中国家庭金融调查数据，采用内生转换回归模型和中介效应模型检验等方法，分析网络购物对居民幸福感的影响与传导机制。研究发现：(1)网络购物对居民幸福感具有显著正向影响，在反事实情境下，有网络购物行为的实验组相较于无网络购物时，幸福感提高了 0.283，无网络购物的对照组如果进行网络购物，幸福感将会提升 0.031。(2)社会网络的中介效应显著，在网络购物对幸福感的影响中，存在"网络购物—促进社会网络—提升居民幸福感"的传导路径，社会网络起到了部分中介作用，占总效应的 5.96%。(3)个体特征异质性在社会网络对居民幸福感的影响路径中发挥调节作用，年龄、教育程度和工作类型分别对社会网络的中介效应起到了负向、正向和负向的调节作用。最后，文章根据研究结论给出了相应的政策建议。

关键词：网络购物；社会网络；幸福感；内生转换回归模型

一、引 言

幸福感一直是学界和社会关注的主题，新时代下我国高质量发展之路的落

[①]　王孝瓅，安徽大学经济学院博士生。研究方向为农村居民幸福感、农业合作社。程耀庆，安徽大学经济学院博士生。研究方向为互联网使用。

脚点正是增进民生福祉。高质量发展要求现代信息技术与经济发展深度融合，在消费领域主要体现为"互联网+消费"模式，即网络购物快速增长。如今网络购物已成为居民生活中必不可少的消费方式，影响着人们的思维模式和主观感受。截至 2020 年 3 月，我国网络购物用户规模达到 7.10 亿，占网民总体的78.6%。[①] 从消费模式结构来看，2020 年全国网上零售 106324 亿元，较上年增长 16.5%，占社会消费品零售总额的比例提升到了 1/4。[②] 而近日国务院印发了《关于以新业态新模式引领新型消费加快发展的意见》，明确指出到 2025 年要进一步显著提高实物商品网上零售额占比。因此，从网络购物的角度透视其与幸福感的关系具有重要的现实意义。

梳理幸福感相关文献发现，现有学者已从总体层面和结构层面对消费的幸福效应开展了丰富的讨论，但较少有人从消费模式层面对幸福感进行研究。例如，在总体消费层面，吴丽民、袁山林认为正是对财富的消费而不是财富本身增益幸福；许玲丽等通过实证研究指出消费增加显著提升了幸福感，家庭基本消费支出每增加 1%，个人幸福感增加 0.091%；在结构消费层面，Bovenet al. 最早将消费分为物质型消费和体验型消费两种类型，并有实证研究表明，体验型、享乐型消费更能有效提升幸福感。那么，网络购物模式是否会影响居民幸福感呢？直观上看，与传统消费模式相比，网络购物使消费更方便快捷、选择更丰富多样，改善了消费者的购物体验，提升了幸福感。然而，Stern 认为网络购物促使消费支出大幅增加，既降低了收入的财富效用，又驱使满足欲望的压力降低了幸福感。根据段新焕等的观点，互联网放大了强迫性购物的核心特征，导致购买冲动的无法抵抗、购物行为的难以控制以及重复性购买，使消费者产生后悔、焦虑等负面情绪，进而降低主观幸福感。由此，网络购物对幸福感的影响尚未达成一致性结论，且这些多局限于直观判断或定性描述，其真实效应有待更加严谨的考证。

---

① 数据源自中国互联网络信息中心《中国互联网络发展状况统计报告》
② http://www.ebrun.com/20200117/370365.shtml

　　为了更好地识别网络购物对幸福感作用的内在机理,参考学界观点,本文引入社会网络进行研究。社会网络是联结幸福感的最重要因素之一,也是幸福感研究争议的逻辑点,能为理顺上述网络购物幸福效应争论提供分析视角。已有研究表明,社会网络既能够促进个体从情感互动中形成信任、归属、认同等主观感知,激发积极心理情绪,又有利于人们通过网络获得经济资源、互惠帮扶等支持,对幸福感提升具有积极作用。而网络购物将人们置于互联网平台等中介环境中,改变了人们交流与协作的方式,造成人际间的隔阂或信任,又对社会网络产生影响。那么,网络购物会通过社会网络这一中介路径传导幸福感吗?目前尚未有研究从理论等层面对此进行系统的分析。进一步地,社会网络与幸福感的相关研究,多从网络获取的资源视角验证社会网络的作用机制,欠缺对社会网络主体异质性的考虑。而社会网络作为个体互动行为的背景,必然受到性情、认知、价值观等潜移默化的影响进而作用于幸福体验。因此,不同个体社会网络的中介作用是否存在差异?结合社会网络的个体特征探究网络购物对幸福感影响亦大有必要。

　　基于此,针对以上问题,本文将使用中国家庭金融调查数据库(CHFS2017),从理论和实证两个层面论证网络购物对居民幸福感的影响。本文的边际贡献可能在于:(1)在研究内容上,对网络购物作用居民幸福感的路径、"网络购物-社会网络-幸福感"这一传导机制、个体异质特征的调节效应进行了充分的理论演绎,丰富了居民幸福感相关领域研究。(2)在研究方法上,一是构建内生转换回归模型,实证检验了网络购物与居民幸福感之间的正负关系,并量化其影响效应。同时,该模型与多数研究中采用的工具变量法或倾向得分匹配法相比,既考虑了其影响效应的异质性问题,又解决了由不可观测因素导致的遗漏变量内生性问题,增强研究结论的科学性和严谨性;二是采用有调节的中介效应模型,加入调节变量年龄、教育程度、工作类型进行有调节的中介效应检验,使对社会网络的中介路径分析更加深入和有针对性。本文研究契合当下时代背景,能为提高居民幸福感、消费政策制定提供一定的启示参考。

二、理论假说

（一）网络购物与居民幸福感

网络购物是信息技术融入消费场域后产生的新型消费方式,与传统购物相比,具有以下特点和优势:首先,网络购物突破了时空的限制,交易场所的改变、碎片化时间的利用使消费者不再局限于有限的物理空间和营业时间,为实时消费提供便利;其次,网络购物扩大了消费选择范围,互联网平台汇聚了各地的生产者和消费者,改善了供给市场,市场规模越大商品种类越丰富;再次,网络购物具有低交易成本和价格优势,大数据等信息技术降低了信息搜寻成本、加剧企业间竞争、节约分销成本与实体店租金等,比线下销售商品相对便宜。由此,基于序数效用理论,一定预算约束下的最大化效用提升,见图1。一方面,网络购物的便利性、可得性扩大了家庭消费,家庭收入中储蓄相对减少消费预算增加;另一方面,低交易成本和低价格产生"收入效应"同样改善了消费者的预算约束。在图1中,消费者预算约束改善,表现为 AB 预算线右移,与新的效用函数曲线 U_1 相切,获得了高于原先 U_0 时的效用水平,从而消费者获得感、幸福感提升。

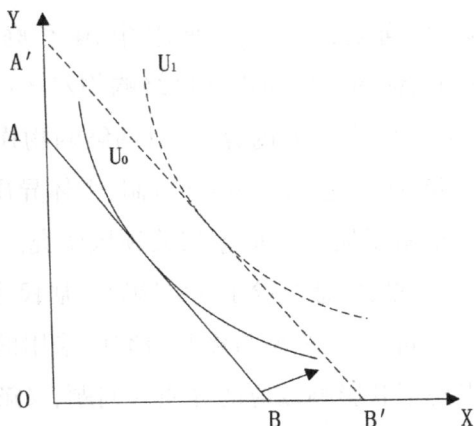

图 1　网络购物的消费效用分析

基于以上网络购物特点,本文进一步梳理购物动机理论相关文献,从以下三个观点形成网络购物对主观感受影响的理论分析。一是实用主义观点认为网络购物使消费者获得更丰富的物品和服务信息,满足了个性化需求进而提升幸福感。二是功利主义观点认为,当消费者把购买商品或服务当作任务时,网络购物通过搜索能够快速找到高性价比的商品,这极大提高了购物效率和心理满意度。三是享乐主义观点认为,网络购物能够使消费者从中打发时间、感受精美的网站设计等获得乐趣,甚至被视为一种休闲活动,帮助消费者摆脱消极情绪。综上所述,图形推导与文献梳理均表明理性网络购物对幸福感产生了明显的正向促进作用,而网络强迫性购物属于过度网购行为降低了幸福感受。

（二）网络购物、社会网络与居民幸福感

社会网络与幸福感正相关,常被视为评判幸福感提升与否的中介变量,如当互联网应用提高社会互动水平时,就促进幸福感提升,反之则产生抑制的效果。那么,网络购物会通过社会网络作用于幸福感吗？首先要考虑的是,网络购物对社会网络产生何种影响。网络购物使整个交易过程没有了同伴、销售人员或拥挤的人群,减少了人际接触,导致社交缺乏。但研究表明,个人动机如社会交往、与拥有共同兴趣的人交流、同龄人吸引等同样适用于网络购物环境。这意味着网络购物能够满足社会交往的需求,产生自与桌面或各种智能移动终端连接的社会网络。

具体来看,一方面,网络购物拓宽了社会网络弱关系。网络购物能够满足消费者同家庭以外的人、具有相似兴趣的其他人或同伴群体的交流。在线消费者会感受到一种伪社区,从中可以与相似兴趣的其他人分享经验和知识,进行社会成员之间的互动,达到发展和维持人际关系的愿望,积极促进新网络社会关系形成。同时,有些网络社会关系在一定条件下能够与现实社会关系相互转化,成为真实物理世界中的强社会网络关系。另一方面,网络购物强化了已有的社会网络强关系。由于社会流动或地域限制,社会成员逐渐缺乏共同的生活背景,这容易造成社会资本的流失。而网络购物使人们针对网络上同一物品与亲朋好友进行分享和寻求建议,从而拥有更多的共同认知,增加了社交可能性和社交频率,保持牢固的社会关系。网络购物还能通过配送服务功能直接向各地亲友送礼物,方便社会互动与改善社会网络关系。

可见,网络购物改善了居民社会网络,并通过社会网络作用于幸福感的可能路径如下。第一,社会网络作为情感性资源有助于居民的身心健康。伴侣、家庭、朋友等提供的社会网络关系,是促进心理健康的重要组成部分。当人们有更多的社会接触、陪伴和表达性互动时,有助于个体减轻孤独感、精神压力和降低抑郁水平,更容易创造幸福感。网络购物增进了人们的互动与分享,刘佳刚等从分享视角出发,指出个体对积极消费体验分享时可再次体验到相关情绪,产生愉悦的感觉,而消极的消费体验也能使消费者通过口碑传播释放情绪促进分享者的情绪调节,从而正向影响幸福感。第二,社会网络作为工具性资源使居民获得了社会支持。根据刘燕、纪晓岚的研究,亲缘性社会网络核心地位日渐式微,"类亲属化"的社会网络逐渐发挥作用。由网络购物发展的线上社会关系网络,成为用户获取信息资源支持的源泉,虚拟社区成员的异质性差异越大,提供的信息越全面和多样化。当社会网络更牢固时还可提供经济资源上的支持,既能进行经济救济,又能帮助个人在就业、收入等方面获得优势,取得额外经济利益,进而提升幸福感。

此外,考虑到受个体特征、经济等因素的多重影响,不同人群的"社会网络—幸福感"传导路径可能存在较大的差异,因而网络购物行为亦会产生不同的效果。参考学者研究,本文拟从年龄、教育程度和工作类型三个方面来展开讨论。首先,随着老龄化程度加剧,截至 2019 年底我国 60 岁及以上人口已达 2.54 亿,[①]老年群体的精神扶贫与幸福感问题凸显出来,并与中青年群体存在一定的差异性。对于老年人群体而言,身体机能退化,其社会网络以亲缘关系为主,来自子女的情感性、工具性支持更能促进其幸福感提升,再加上老年人学习掌握新事物的能力相对较弱,从而网络购物对其社交网络的影响可能小于对中青年群体的影响。其次,教育是提升人力资本的基本方式,教育持续扩招引发人们对教育"致幸福悖论"的讨论,即教育对幸福感的直接影响不再明显,然而教育有可能通过作用于其他渠道间接影响居民幸福感。如张明等研究发现

---

① 数据来自 2020 年《中国卫生健康统计年鉴》。

高等教育能够显著增进居民的社会交往,其在增进社会信任、丰富社会交往对象与提高交往能力方面起重要作用。因此,教育水平高的个体通过网络购物获取信息的渠道更丰富,对虚拟网络社交有着更理智和全面的判断,更容易建立新的社会网络关系。再次,我国劳动力在工作类型等方面存在的差异影响时间配置决策,事业单位或国有企业员工就业稳定且收入水平较高,拥有更多可自由支配的闲暇时间进行消费,因而更可能通过网络购物对社会网络产生影响。

基于以上理论分析,本文提出假说如下:

假说1:网络购物能够提高居民幸福感。

假说2:社会网络在网络购物对居民幸福感的影响中起中介作用。

假说3a:年龄对社会网络的中介效应产生了负向调节效果。

假说3b:教育程度对社会网络的中介效应产生了正向调节效果。

假说3c:工作类型对社会网络的中介效应产生了负向调节效果。

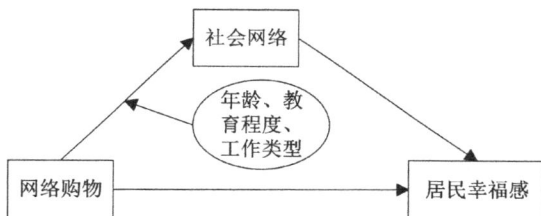

图2　理论分析框架

三、研究设计

(一)数据来源

本文使用的数据来自西南财经大学2017年开展的中国家庭金融调查数据(CHFS)。该轮调查样本涵盖了全国29个省份(自治区、直辖市)共40011户家庭,主要涉及金融与非金融资产、负债、收入与支出、基层治理与主观态度等多个层面。样本和数据信息的覆盖面广、代表性强,为本文研究网络购物与居民幸福感提供了良好的数据支撑。基于研究主题与数据的完整性,清除无效信息样本、删除部分数据缺失样本以及异常值样本后得到分析数据。

(二)变量选取

1. 被解释变量

衡量幸福感的被解释变量为受访者幸福程度,根据问题"总的来说,您现在觉得幸福吗"的回答进行赋值,被访者选择共有非常不幸福、不幸福、一般、幸福和非常幸福 5 个选项,赋值为 1—5 的整数。调查样本中总有效回答数为39953 个,回答"非常不幸福"的比例为 1.02%,"不幸福"的比例为 3.88%,"一般"的比例为 24.88%,"幸福"的比例为 48.68%,"非常幸福"的比例为 21.42%。受访者幸福感平均值为 3.86,介于"一般"与"幸福"之间,更接近"幸福"。

2. 核心解释变量

本文核心解释变量为受访者是否网络购物。根据受访者对"你家是否有过网上购物的经历"的回答,有网络购物经历的赋值为 1,否则赋值为 0。受访者是否进行网络购物与幸福感提升,可能受到可观测与不可观测因素的共同影响,同时幸福感较高的人也可能有更多的网络购物行为。因此计量分析必须将影响因素的自选择和内生性问题考虑在内。

本文的中介变量是社会网络。在中国社会,"礼尚往来"是维系亲友关系等社会网络的普遍方式。考虑到 CHFS 数据可得性,借鉴马光荣、杨恩艳等学者的处理方式,使用人情礼金支出对社会网络水平进行衡量,选取"去年给予非家庭成员的现金或非现金支出"作为代理变量。

3. 其他解释变量

选取受访者个体层面、家庭层面以及区域层面的变量以控制其他因素可能的影响。包括性别、年龄、年龄平方、户籍、教育程度、党员身份、工作类型、自评身体状况、家庭人均月收入、地区等。具体变量的定义及描述性统计见表1。

表1 主要变量定义及描述性统计

变量	符号表示	变量说明	均值	标准差
幸福感	happy-ness	非常不幸福=1;不幸福=2;一般=3;幸福=4;非常幸福=5	3.860	0.830
是否网络购物	ishop	是否网络购物:是=1;否=0	0.410	0.490
社会网络	social	人情礼金支出除1000/元	4.041	9.823
性别	sex	性别:男=1;女=0	0.500	0.500
年龄	age	年龄/周岁	53.860	15.240
年龄平方	age2_100	年龄平方项除100	31.334	16.223
户籍	register	户口:农业=1;非农业=0	0.520	0.500
教育程度	edu	教育年限/年	8.200	4.200
党员身份	party	是否为党员:是=1;否=0	0.110	0.310
工作类型	worktype	机关团体/事业单位=1;国有及国有控股企业=2;集体企业=3;个体工商户=4;私营企业=5;外商、港澳台投资企业=6;其他类型单位=7;耕作经营承包土地=8;其他=9	7.030	2.630
人均月收入对数	lnin	月平均收入取对数	8.020	0.890
自评身体状况	health	非常好=5;好=4;一般=3;不好=2;非常不好=1	3.383	1.012
东部地区	east	位于东部地区=1;其他地区=0	0.500	0.500
中部地区	middle	位于中部地区=1;其他地区=0	0.260	0.440
西部地区	west	位于西部地区=1;其他地区=0	0.238	0.426
通讯费及网费支出	cost	实际月均支出/元	193.824	256.818

(三)描述性分析

表2给出了网络购物与非网络购物居民在各变量上的均值差异。从对比结果来看,女性、年纪偏小、非农业户口、教育程度较高、有党员身份、工作类型越稳定、月收入越高的居民越倾向于进行网购。东部地区比中部地区网购的居民多。另外,有无网络购物的居民幸福感在1%的置信水平上存在差异,说明网购行为对幸福感显著产生影响。简单均值比较只是粗略地反映出网络购物居民与非网络购物居民在幸福感和不同特征变量上的差异。为了更准确地考察网络购物对幸福感的影响,需要采用更严谨的计量分析方法。

表2 网络购物居民与非网络购物居民的均值差异

变量	无网络购物居民		有网络购物居民		差异
	观测值	均值	观测值	均值	
happyness	23562	3.877	16275	3.828	0.049***
health	23587	3.180	16292	3.680	−0.500***
sex	23586	0.524	16293	0.476	0.048***
age	23585	60.153	16292	44.703	15.450***
age2_100	23585	37.775	16292	21.961	15.814***
register	23587	0.606	16293	0.405	0.201***
edu	23587	6.672	16289	10.441	−3.769***
party	23587	0.091	16293	0.133	−0.042***
worktype	23587	7.78	16293	5.946	1.835***
lnin	4138	7.587	7758	8.252	−0.665***
east	23587	0.459	16293	0.564	−0.106***
middle	23587	0.288	16293	0.22	0.068***
cost	22579	129.360	15829	285.881	−156.521***

注：***、**、*分别表示在0.01、0.05、0.1的水平上显著。

(四)模型设计

1. 网络购物与居民幸福感的影响

结合前述分析,本研究选择能够获取网络购物对幸福感无偏估计的内生转换回归模型,并测算能够反映影响效果的平均处理效应,以此来分析居民网络消费行为下幸福感的差异。以往研究效用的方法,主要有OLS模型的多元线性回归、倾向匹配法、处理效应模型。当网络购物行为属于外生变量时,那么OLS模型足以客观地评价网络购物行为对居民幸福感的影响,但作为理性的个体,居民的决策行为是追求最优化的自我选择结果,存在一些不可观测因素如居民的偏好、性格等同时影响着网购决策和幸福感,即存在样本自选择问题,如果忽略将导致得到的结果是有偏的。倾向得分匹配法(PSM)作为一种改进,能有效解决选择性偏差问题,但并不能解决不可观测因素导致的遗漏变量内生性问题。处理效应模型能弥补PSM的缺陷,通过估计居民网购决策,并作为自变量纳入估计方程,进而消除了那些无法观测的变量导致的样本选择偏差,但该方法忽视了不同网购主体的异质性。还有文献使用工具变量法（IV），但这种方法未考虑处理效应的异质性问题。由 Maddalaet al. 提出的内生转换回归模型（ESRM）是适合本文的比较理想的研究方法。第一，可克服样本自选择造成的有偏估计，兼顾可观测和不可观测变量引起的样本选择偏差问题；第二，能分别估计网购组和非网购组的幸福感影响因素，考察各个因素的差别化影响；第三，可通过构建反事实场景测算平均处理效应进而解决网购居民在不网购时无法观测所带来的"数据缺失"问题。

首先构建居民幸福感决定方程：

$$H_i = \alpha_i C_i + \Sigma_j^n = \beta_j X_{ij} + u_i \tag{1}$$

H_i 是居民 i 的幸福感，C_i 表示居民 i 是否进行网络购物，当 $C_i = 1$ 时表示居民 i 有网络购物行为，当 $C_i = 0$ 则相反。X_{ij} 为决定居民幸福感的其他变量，包括居民的个体特征、家庭特征及区域特征变量等。α_i 描述了网络购物对居民幸福感影响的大小，网络购物行为并非随机的，而是受到许多因素的综合影响，且这些因素也可能影响居民的幸福感，因此存在样本选择性偏差。

根据 ESRM，本文设定居民的行为决定方程如下：

$$C_i^* = \gamma_j Z_{ij} + \vartheta_i \tag{2}$$

C_i^* 为虚拟变量 C_i 的潜变量，当 $C_i^* > 0$ 时，$C_i = 1$；否则 $C_i = 0$；Z_{ij} 是决定网络购物与否的因素。Z_{ij} 的解释变量可以和 X_{ij} 重复，但是为了进一步识别出 Z_{ij}，Z_{ij} 中至少包含一个识别变量，即 Z_{ij} 中包含的解释变量均可影响居民是否采取网购行为，但至少由一个不直接影响居民的幸福感大小。本文选取"通讯费及网费支出"作为识别变量。由此，在两种情境下，幸福感决定方程表示如下：

$$H_{1i} = \Sigma_j^n = {}_1\beta_{1j} X_{1ij} + u_{1i} \quad \text{当 } C_i = 1 \tag{3}$$

$$H_{0i} = \Sigma_j^n = {}_1\beta_{0j} X_{0ij} + u_{0i} \quad \text{当 } C_i = 0 \tag{4}$$

采用完全信息极大似然法（FIML）同时对行为决定方程和幸福感决定方程进行 ESRM 估计。根据估计结果，可以估算出居民实际幸福感期望值与反事实幸福感的期望值，进而分析有网络购物行为与无网络购物行为的幸福感差距。

具体有以下四种幸福感期望：

$$E(Y_{1i} \mid C_i = 1) = \beta_{1j}X_{1ij} + \sigma_{\mu 1\vartheta}\lambda_{ij} \qquad (5)$$

$$E(Y_{0i} \mid C_i = 0) = \beta_{0j}X_{0ij} + \sigma_{\mu 0\vartheta}\lambda_{0j} \qquad (6)$$

$$E(Y_{0i} \mid C_i = 1) = \beta_{0j}X_{1ij} + \sigma_{\mu 0\vartheta}\lambda_{1j} \qquad (7)$$

$$E(Y_{1i} \mid C_i = 0) = \beta_{1j}X_{0ij} + \sigma_{\mu 1\vartheta}\lambda_{0j} \qquad (8)$$

式(5)—(8)中，$\sigma_{\mu 1\vartheta}$ 和 $\sigma_{\mu 0\vartheta}$ 分别表示 μ_1 和 μ_0 之间的协方差。式(5)表示有网络购物行为的实际居民幸福感期望值,记为 A_1,式(7)表示有网络购物行为居民反事实状态下幸福感期望值,记为 A_0,则 $ATT = A_1 - A_0$ 表示有网络购物行为居民克服自我选择偏误后的平均处理效应。同理,式(6)和式(8)分别记为 B_0、B_1, $ATU = B_1 - B_0$ 表示无购物行为居民的反事实幸福感与实际幸福感的差异。进一步,$BH_1 = A_1 - B_1$ 和 $BH_0 = A_0 - B_0$ 表示在同样的幸福决定机制中,由于居民的异质性而引起的幸福感差异。

2. 中介效应及有调节的中介效应

考察社会网络的中介效应参照温忠麟、叶宝娟提出的中介效应逐步检验方法,首先对网络购物与居民幸福感进行检验,其次对网络购物与中介变量社会网络进行检验,最后将网络购物、社会网络与居民幸福感同时放入模型检验,以此分析网络购物影响幸福感的作用机制。当检验系数全部显著时,表明中介效应显著存在,逐步法检验力较高。

为检验个体特征在社会网络中介效应中的调节效应,本文借鉴 Preacher et al. 的做法采用非参数百分位 Bootstrap 方法进行分析和检验,构建模型如下：

$$H = a + c_1C + c_2R + Controls + e_1 \qquad (9)$$

$$M = d + (a_1 + a_3R)C + a_2R + Controls + e_2 \qquad (10)$$

$$H = l + (c'_1 + c'_3)C + c'_2R + bM + Controls + e_3 \qquad (11)$$

$$H = l + bd + (c'_1 + c'_3R)C + b(a_1 + a_3R)C + (c'_2 + ba_2)R + (l + b)Controls + e_4 \qquad (12)$$

方程中,H 表示居民幸福感,C 表示网络购物,R 是中介效应的前段调节变量。式(9)表示网络购物对居民幸福感的总效应,式(10)表示网络购物对社会网络的效应,式(11)表示将总效应分解为网络购物的直接效应和以社会网络为中介的间接效应。将(10)代入(11)中得到式(12),可以看到,条件中介效应为 $b(a_1+a_3R)$。社会网络的中介效应受到个体特征变量的调节。

四、实证模型结果及分析

运用 STATA16.0 软件对居民参与网络购物的内生转换回归模型利用全信息最大似然估计方法进行估计。在表 3 所示的估计结果中,模型拟合度 Wald 检验在 1% 的水平上显著,LR 检验在 1% 的水平上拒绝了行为方程和结果方程相互独立的原假设,二者之间具有较好的联立性。同时 rho_0 估计值在 5% 的水平上显著不为 0,表明存在不可观测因素同时影响了居民的网络购物选择和幸福感,对样本数据纠正样本选择性偏误是必要的,宜采用 ESRM 进行估计分析。

(一)模型联立估计结果

1.居民网络购物行为模型估计结果

表 3 第二列估计结果表示,从个人特征来看,性别、年龄、户籍和教育程度均在 1% 的水平上影响居民参与网络购物行为。女性比男性有更大的概率进行网络购物,原因可能在于女性比男性更容易享受购物和用来打发时光的乐趣,且女性对网络促销活动更敏感,实用性消费的次数更多。年龄与网络购物行为显著负相关,二者之间的非线性关系并不显著。根据前人研究,年龄与网络购物行为之间存在正向、负向和无关三种关系,并未得出一致结论,这是由于不同的年龄分组影响的结果。相比于年轻人,50 岁以上的人更少受到网络购物方便性的影响,再加上网络技能掌握不够熟练和对财产风险的担忧,故年长者比年轻人参与购物的概率低。农业户籍的居民比非农业户籍的居民网络购物概率要小。这可能是由于农村居民所在的村庄网络设备状况远远落后于城镇,很多农村家庭没有安装无线网,农村居民所处的网络购物环境不如城镇,且受周围网络购物行为的影响也较小,因此农业户籍的居民网络购物次数比较少。教

育程度越高的人对网络安全和技术有着更全面的认识和更多的消费需求,越容易进行网络购物。如样本中,随着学历提升,网络购物人数占比呈上升趋势,初中至大学学历的网络购物人群最多,占网络购物人数的84%。从家庭特征来看,平均月收入对网络购物者有显著的正面影响。收入越高的居民购买力越强,国内外大量的研究表明,网络购物者的收入水平更高。从地区特征来看,东部地区的网络购物情况显著优于西部地区,中部地区高于西部地区但不显著。

表3 网络购物行为模型与居民幸福感模型联立估计结果

变量	是否有网络购物	居民幸福感	
		有网络购物	无网络购物
age	-0.033^{***}	0.001	-0.008
	(0.009)	(0.005)	(0.010)
age2_100	-0.012	0.007	0.023^{***}
	(0.010)	(0.007)	(0.009)
edu	0.093^{***}	-0.003	-0.000
	(0.005)	(0.004)	(0.006)
party	0.063	0.109^{***}	0.130^{***}
	(0.044)	(0.023)	(0.044)
worktype	-0.010^{*}	-0.004	-0.013^{**}
	(0.006)	(0.004)	(0.005)
health	0.039^{**}	0.164^{***}	0.200^{***}
	(0.017)	(0.011)	(0.014)
east	0.147^{***}	-0.011	-0.032
	(0.036)	(0.022)	(0.033)
middle	0.043	-0.028	-0.009
	(0.041)	(0.027)	(0.036)
sex	-0.206^{***}	-0.068^{***}	0.044
	(0.030)	(0.018)	(0.030)
register	-0.227^{***}	0.031	0.103^{***}
	(0.033)	(0.022)	(0.031)
lnin	0.213^{***}	0.014	-0.038^{**}
	(0.020)	(0.013)	(0.019)
cost	0.001^{***}	——	——
	(0.000)		

续表

变量	是否有网络购物	居民幸福感	
		有网络购物	无网络购物
Constant	−0.627**	2.986***	3.046***
	(0.268)	(0.171)	(0.275)
$\ln \sigma 1$	——	−0.309***	——
		(0.008)	
$\ln \sigma \_1$	——	——	−0.210***
			(0.014)
rho_1	——	−0.007	——
		(0.072)	
rho_0	——	——	−0.171**
			(0.085)
Wald x^2	318.91***		
Log likelihood	−18546.423		
LR test of indep. eqns.	chi2(1) = 487.72 Prob>chi2 = 0.0000		

注:***、**、*分别表示在0.01、0.05、0.1的水平上显著,括号内数字为稳健标准误,下同;$\ln\sigma$是行为方程与结果方程残差方差的平方根,rho是残差相关系数。

（二）居民幸福感模型估计结果

表3后两列显示了网络购物组与无网络购物组的估计结果。从对两组均产生影响的变量来看,是否为党员、健康程度对两组的居民幸福感均具有显著的影响。党员身份对居民幸福感有显著的正向影响,这与鲁元平等的研究结论一致。党员的身份通过收入溢价、社会资本带来经济效用,更通过身份认同对幸福感提升产生重要作用。但是这些影响因素的幸福效应具有异质性,党员身份、健康程度对无网络购物组的效应更明显,这表明无网络购物组更容易受到人口特征和资产的影响。这可能是因为无网络购物组中农村人口比例较大,无网络购物组中党员占比较低,越凸显出党员的身份价值,党员的认同程度越高,从而党员身份的幸福效应就越大。身体健康状况越好,居民幸福感越高,这也被许多研究证实。

从仅对其中一组产生影响的变量来看,性别仅对网络购物组的幸福感有显著影响,年龄的平方、户籍和工作类型、收入仅对无网络购物组的幸福感有显著影响。网络购物组中男性的幸福感低于女性,这与"女性的幸福感不管是在农村还是在城镇均高于男性"的结论一致。但无网络购物组中性别并不对幸福感产生影响,这可能是由于样本更多地受到其他因素的影响。户籍对无网络购物组幸福感产生显著的正向影响,该组的农业户籍人数较多,可能是随着国家对农业户口的优惠性政策的实施,人们所拥有的农业户籍身份产生了幸福效应。无网络购物组中,在事业单位、国有企业以及集体企业的人要比在私营企业和耕作经营承包土地的人更幸福,这可能是由于该组居民对国有企业这样的"铁饭碗"更为看重。年龄的二次项估计系数在1%的水平上显著为正,表明该组居民幸福感随年龄增长呈现出"U"型变化。

从对两组均不产生影响的变量来看,教育程度对两组居民的幸福感的影响均不显著。一般而言,教育程度越高的人越可能获得自信与快乐、较好的工作、升职机会和期望薪酬,从而获得更高的幸福。但是本文研究与之相反,这可能是由于高等教育扩招后,教育对居民幸福感的影响逐渐呈缩小趋势甚至不显著了。

另外,本文选择"去年平均每个月通信费、有线电视费和上网费支出"作为工具变量进入居民"是否有网络购物"模型,这是考虑到"通信费及网费支出"与网购购物有着密切联系。为了检验工具变量的有效性,把它和其他变量一起,分别对居民"是否进行网络购物"以及居民幸福感进行简单的 logit 回归和 OLS 回归。结果发现,"通信费及网费支出"对幸福感影响不显著,对居民"是否进行网络购物"在1%的水平上影响显著,因此,识别变量是一个有效的工具变量。

(三)网络购物对居民幸福感影响的处理效应分析

在 ESRM 估计的基础上,可以预测样本居民有无网络购物对居民幸福感影响的平均处理效应。总体来看,网络购物对居民幸福感具有正向的处理效应,且均在1%的水平上显著。ATT 的估计结果表示,有网络购物的居民在反事实情境下即倘若他们无网络购物行为,其幸福感将下降 0.283。ATU 的估计结果显示,无网络购物行为的居民如果进行网络购物的话,其幸福感将由 3.801 上升为 3.832,增加 0.031。上述结论表明,在控制了可观测因素和不可观测因素的影响下,网络购物对样本总体来说均具有幸福效应,即网络购物能提升居民幸福感。假说 1 得以验证。

随着网络安全、物流技术等网络交易体系的完善,网络购物以其使商品或服务价格透明化、增强供需双方的匹配度并反映市场信息等优势,缓解了居民的预算约束,满足其实用性需求、功利性需求和享乐性需求,提高了效用水平和幸福感。整体上来看,只要理性进行网上购物,是有益于居民获得感提升的。比较可知,有网络购物行为对网络购物组居民的平均影响效应大于无网络购物组。此外,异质性效应显示,仅简单比较有无网络购物居民的幸福感差异,即 3.806 和 3.832,并视其为网络购物的幸福效应,会低估网络购物对幸福感的提升作用。主要原因可能在于样本总体年龄偏大,幸福感受健康水平等其他因素的作用更大,尚未充分享受到网络购物带来的福利,而控制其他因素后,才得到网络购物的真实处理效应。

表 4　网络购物对居民幸福感影响的平均处理效应

居民类别	购物决策		ATT	ATU
	网络购物	无网络购物		
有网络购物	3.806	3.523	0.283***	——
无网络购物	3.832	3.801	——	0.031***
异质效应	-0.026	-0.278	0.252	

注:***表示在1%的水平上显著。

(四)稳健性检验

1. CMP 模型估计下的影响效果

由于主观幸福感是等级离散变量,采取常用方法 Oprobit 模型来验证网络购物对居民幸福感的影响。考虑到遗漏变量、互为因果等内生性问题,简单 Oprobit 模型计量结果可能存在偏误,故采用条件混合处理模型(CMP)进行联合估计。CMP 模型是一种适用于有不同被解释变量类型联立方程组的混合模型,尤其在内生变量为类别变量时具有明显优势。网络购物是二分类内生变量,CMP 模型为适宜估计方法。

　　网络购物对居民幸福感的 Oprobit 估计与 CMP 估计结果如表5 所示。表5第一列表明网络购物能够提高居民幸福感,并在 5% 的水平上显著。表5 第二列显示,工具变量在 1% 的水平上显著,满足相关性,同时 atanhrho_12 参数是两阶段回归模型的残差相关系数,也在 1% 的水平上显著,说明采用 CMP 模型估计是有必要的,结果更准确。在控制相关变量的情况下,网络购物对居民幸福感的影响显著为正,核心解释变量的系数符号并未发生改变。这进一步验证了假说 1 和前文结果的稳健性。

表5　网络购物对居民幸福感的估计结果

	Oprobit	CMP
ishop	0.055**	0.245***
	(0.026)	(0.073)
health	0.257***	0.253***
	(0.012)	(0.012)
sex	−0.053**	−0.042**
	(0.021)	(0.021)
lnin	0.002	−0.010
	(0.014)	(0.014)
age	−0.016***	−0.015***
	(0.005)	(0.005)
register	0.075***	0.088***
	(0.024)	(0.025)
party	0.168***	0.166***
	(0.029)	(0.029)
worktype	−0.009**	−0.008*
	(0.004)	(0.004)
edu	0.001	−0.004
	(0.004)	(0.004)
age2	0.000***	0.000***
	(0.000)	(0.000)
east	−0.021	−0.028

续表

	Oprobit	CMP
	(0.026)	(0.026)
middle	−0.031	−0.031
	(0.030)	(0.030)
/cut1	−1.583***	−1.543***
	(0.173)	(0.174)
/cut2	−0.854***	−0.815***
	(0.170)	(0.171)
/cut3	0.501***	0.536***
	(0.170)	(0.170)
/cut4	1.938***	1.968***
	(0.170)	(0.170)
atanhrho_12		−0.121***
		(0.044)
cost		0.001***
		(0.000)
Observations	11,883	11,891

注：＊＊＊、＊＊、＊分别表示在 0.01、0.05、0.1 的水平上显著；cut1~ cut4 为 Oprobit 模型的切点估计值。

2. 调整解释变量的回归结果

本部分采用 2017 年数据，进一步检验网络购物对居民幸福感影响结果的稳健性。前文中选择的关键自变量为"你家是否有过网络购物经历"，曾经有过网购经历有可能发生在多年前，用来反映当下行为对幸福感的影响，可能存在测量上的误差，因此，本部分用调查问卷中"去年，您家网购一共花了多数钱"来衡量有无网络购物变量。通过内生转换模型回归后测算出平均处理效应，结果如表 6 所示。去年有无网购行为对居民幸福感的 ATT 和 ATU 分别为 0.285、0.037，再次证明网络购物确实有利于居民幸福感提升。因此，前文的估计结果是稳健的。

表6　去年有无网购对居民幸福感影响平均处理效应

居民类别	参与网络购物	未参与网络购物	ATT	ATU
去年有网购	3.806	3.521	0.285***	——
去年无网购	3.837	3.800	——	0.037***

注:***表示在1%的水平上显著。

3. 调整回归样本的主观幸福感

剔除户主年龄过大的样本后,再通过内生转换回归模型测算网络购物的平均处理效应,见表7。基准回归使用的样本受访户平均年龄约为54岁,由于年龄过大的受访户并未过多的参与网络购物,且70岁以上的受访户网络购物比例为3.68%,故删除部分样本后将年龄限定为70岁以下的受访户有助于得到更稳健的结论。

表7　网购对70岁以下居民幸福感影响平均处理效应

居民类别	参与网络购物	未参与网络购物	ATT	ATU
网购居民	3.805	3.508	0.297***	——
无网购居民	3.837	3.790	——	0.047***

注:***表示在1%的水平上显著。

五、进一步分析

(一)社会网络的中介作用

为了进一步验证网络购物、社会网络与居民幸福感的关系,本文采用逐步检验回归系数法探究社会网络是否存在中介效应。由于Oprobit模型与OLS模型的估计符号与显著性没有差别,故使用稳健OLS进行估计,见表8。表8第一列表示加入控制变量后,网络购物对居民幸福感具有显著正向影响,且置信水平为5%。第二列表明网络购物在1%的置信水平上对社会网络具有正向影响,同时由第三列可知,在第一列估计上加入社会网络变量后,网络购物的估计系数有所下降并在5%的水平上显著,社会网络估计系数在1%的置信水平上显著为正。这表明社会网络的中介效应显著,即存在"网络购物—促进社会网络—提升居民幸福感"的传导路径。在这一传导路径中,社会网络发挥了部分中介效应,占总效应的 5.96%。因此,研究假说 2 得到验证。

对上述结果的解释是:网络购物的社会属性在一定程度上对社会网络产生了积极影响,这有利于居民从中获得情感性资源和工具性资源的社会支持,进而提升了幸福感。随着网络购物成为一种常态消费方式,亲友间互相联络增进情谊获得了很大方便,即使物理距离很远,也可以通过网络商城购买礼物向家人、朋友表示关心和情义。居民也可以通过购物平台与他人就同一商品分享交流形成线上社会网络关系,尤其在社交距离较远的城市社区,居民往往通过网络购物社群获得了更多的人际接触,缩小了社交距离,甚至从线上发展为现实社会网络关系,进而再产生其他层次的交往。而社会网络的增进和改善,又从情感支撑或社会支持上不断提高主观幸福感。另外,根据实证结果,社会网络的部分中介效应显著但占总效应比重小,可见其在网络购物与幸福感中的传导作用有很大提升空间,未来的网络购物发展需要更多地考虑社会属性,不仅仅是为了增加网购流量,也有助于提升居民福利。

表 8　社会网络的中介效应结果

VARIABLES	(1) happyness	(2) social	(3) happyness
ishop	0.041**	1.221***	0.038**
	(0.018)	(0.230)	(0.018)
social			0.002***
			(0.001)
health	0.179***	−0.053	0.180***
	(0.009)	(0.110)	(0.009)
sex	−0.040***	−0.388*	−0.039***
	(0.015)	(0.204)	(0.015)
lnin	0.002	2.519***	−0.004
	(0.010)	(0.226)	(0.010)
age	−0.010**	0.039	−0.010**
	(0.004)	(0.080)	(0.004)
register	0.053***	−0.099	0.053***
	(0.017)	(0.210)	(0.017)

续表

	（1）	（2）	（3）
party	0.116***	0.560*	0.115***
	(0.019)	(0.308)	(0.019)
worktype	−0.007**	−0.035	−0.007**
	(0.003)	(0.044)	(0.003)
edu	0.002	0.226***	0.001
	(0.003)	(0.034)	(0.003)
age2	0.000***	0.000	0.000***
	(0.000)	(0.001)	(0.000)
east	−0.014	0.184	−0.015
	(0.018)	(0.228)	(0.018)
middle	−0.023	1.061***	−0.026
	(0.022)	(0.297)	(0.022)
Constant	3.092***	−20.466***	3.140***
	(0.121)	(2.211)	(0.122)
Observations	11,883	11,893	11,883
R−squared	0.054	0.064	0.055

注：***、**、*分别表示在 0.01、0.05、0.1 的水平上显著。

（二）个体特征对中介路径的调节

考虑社会网络主体的异质性,采用有调节的中介效应模型来验证居民的个体特征对社会网络中介效应的差异化影响。在中介效应模型中分别加入年龄、教育程度和工作类型三个调节变量进行检验,结果如表 9 所示。

从表 9 估计结果看,在年龄均值水平下以社会网络对应的条件中介效应系数为 0.0111,95%的置信区间为[0.0108,0.0160],不包含 0,条件中介效应显著。为了更直观的表明年龄的调节作用,分别列出高于和低于均值一个标准差下的系数估计值,置信区间不包含 0 表明条件中介效应均正向显著。当三个组别条件中介效应均显著且系数方向一致时,计算出系数差异率为−2.4947,T 检验表明年龄在社会网络的中介效应中具有调节效应,并在 5%的水平上显著。根据表 9 调节中介效应的系数变化,发现随着年龄的增长,系数值呈递减的趋势,意味着年龄越大的居民越难以通过网络购物的社会网络效应提升居民幸福感,即年龄对社会网络的中介效应产生了负向调节效果,假说3a得以验证。这说明,老年群体比中年人接受新事物能力弱,使用网络购物的概率更低,且社会网络仍是更多地依赖配偶、子女等亲属,难以借此嵌入更广的社会关系网络增益幸福,应与其他群体区分对待。

在教育程度均值、低于和高于均值一个标准差下的条件中介效应系数分别为0.0056、0.0041、0.0071,三个组别的95%置信区间均不包含0,社会网络的条件中介效应显著。进一步计算出系数差异率为2.3426,T检验表明教育程度在社会网络的中介效应中具有调节作用,并在5%的水平上显著。根据表9条件中介效应的系数变化,可以看出,当教育程度较低时,社会网络对居民幸福感的正向影响减弱,当教育程度较高时,社会网络对居民幸福感的正向影响增强。即教育程度对社会网络的中介效应产生了正向调节效果,假说3b得以验证。也就是说,教育可能通过改变个体认知能力,以及转化为经济收入等非物质社会资本拓展社会网络提高幸福感,还可促使互联网使用方式更健康,降低非理性购物的发生。

在工作类型均值、低于和高于均值一个标准差下的条件中介效应系数分别为0.0100、0.0130、0.0070,三个组别的95%置信区间均不包含0,社会网络的条件中介效应显著。计算得出系数差异率为-3.7427,T检验表明工作类型在社会网络的中介效应中具有调节作用,并在1%的水平上显著。表9条件中介效应的系数变化,意味着随着居民的工作类型从国有企业、事业单位向私营企业、耕作农地职业转变,网络购物通过社会网络提升居民幸福感的作用减弱,即工作类型对社会网络的中介效应产生了负向调节效果,假说3c得以验证。可能原因在于,工作类型影响了劳动者的时间配置,市场工作时间、劳动休假制度越规范,报酬越稳定,享受闲暇时间进行网络购物的机会越多,而目前我国劳动力的就业和待遇依旧存在不小差异。

表9 年龄、教育程度、工作类型调节的中介效应检验

调节变量		条件中介效应		95%置信区间		条件中介效应	调节效应
		系数	标准差	下限	上限		
年龄	-标准差	0.0134	0.0014	0.0108	0.0160	显著	显著
	均值	0.0111	0.0012	0.0089	0.0135	显著	
	+标准差	0.0088	0.0012	0.0065	0.0109	显著	
	系数差异率	-2.4947	**				
教育程度	-标准差	0.0041	0.0008	0.0027	0.0057	显著	显著
	均值	0.0056	0.0007	0.0043	0.0071	显著	
	+标准差	0.0071	0.0010	0.0053	0.0091	显著	
	系数差异率	2.3426	**				
工作类型	-标准差	0.0130	0.0016	0.0101	0.0161	显著	显著
	均值	0.0100	0.0078	0.0078	0.0124	显著	
	+标准差	0.0070	0.0053	0.0054	0.0090	显著	
	系数差异率	-3.7427	***				

六、研究结论与启示

本文基于 2017 年中国家庭金融调查数据,运用内生转换回归模型和中介效应检验等方法,实证分析了网络购物对居民幸福感的影响与传导机制。研究发现:(1)网络购物对居民幸福感具有显著正向影响,在反事实情境下,有网络购物行为的实验组相较于无网络购物时,幸福感提高了 0.283,无网络购物的对照组如果进行网络购物,幸福感将会提升 0.031。说明网络购物具有使用价值、功利价值和享乐价值,不仅能够增加消费效用,还提高购物效率以及获得休闲愉悦从而提升居民幸福感。(2)社会网络的中介效应显著,网络购物扩宽了弱社会网络关系、巩固了强社会网络关系,对社会网络产生了积极的影响,而社会网络又通过情感性资源和工具性资源的社会支持作用提升居民幸福感。网络购物对幸福感的影响中,存在"网络购物—促进社会网络—提升居民幸福感"的传导路径,社会网络起到了部分中介作用,占总效应的 5.96%。(3)个体特征异质性在社会网络对居民幸福感的影响路径中发挥调节作用,年龄、教育程度和工作类型分别对社会网络的中介效应起到了负向、正向和负向的调节作用。随着居民年龄的增长,年龄较大者受到网络购物带来的弱社会网络关系的

影响降低,与中青年群体相比,难以通过网络购物的社交属性获得幸福感的提升。随着教育程度的提高,个体更容易获取信息和进行理智判断,有助于建立社会网络关系,提升幸福感。随着工作类型越稳定,越拥有更多闲暇时间进行网络消费,从而产生社会网络效应促进幸福感提升。

根据上述研究结论,得出以下启示:第一,网络购物对居民福利提升具有促进作用,应顺应时代进步,借助5G、互联网等基础设施,合理引导消费数字化转型,促使网络购物与传统购物模式协同发展。第二,社会网络是促进居民幸福感的另一重要因素,也是网络购物影响幸福感的传导路径。鼓励网络购物与社交媒体等进行合作,推动网络直播、社群电商等新型商业业态良性发展,通过融合关系网络与购物平台,发挥沟通、互动等社交优势,增加居民的安全感与获得感。第三,异质性个体特征具有调节作用,老年群体、低教育程度、耕地农作等职业类型的群体通过"网络购物—社会网络"的幸福提升程度较小。首先,对于老年群体来说,加强家庭成员、社区等对其引导与带动作用,帮助老年人学习和正确使用网络购物获得商品,促进其构建多元的社会网络,有助于其增进幸福感。其次,继续加大教育投入,提倡全民积极形成继续教育、终身教育的学习氛围,提升高等教育普及率,持续释放教育对居民福利的直接或间接影响。再次,稳就业、缩小居民收入差距,加大扶持非公经济及中小企业可持续发展力度,切实保障居民在不同的岗位上均能够公平的享受到社会发展带来的福利,实现幸福的帕累托改进。

参考文献:

[1] Easterlin, R. A. Will raising the incomes of all increase the happiness of all?[J]. Journal of Economic Behavior and Organization, 1995,27(1):35-47.

[2] 吴丽民,袁山林.幸福视角划分消费类型的理论构想与实证解析[J].财经论丛,2012(6):99-105.

[3] 许玲丽,龚关,艾春荣.幸福,赚钱还是花钱?[J].财经研究,2016(6):17-26.

［4］Boven, L. V. , Gilovich, T. To do or to have? That is the question［J］. Journal of Personality and Social Psychology, 2003, 85(6): 1193—1202.

［5］胡荣华,孙计领. 消费能使我们幸福吗［J］. 统计研究, 2015(12):69-75.

［6］Stern, H. The significance of impulse buying today［J］. The Journal of Marketing,1962,26(2):59-62.

［7］段新焕,石艳彩,张积家. 强迫购物症研究综述［J］. 中国心理卫生杂志,2007(2):135-138.

［8］Diener, E. , Suh, E. M. , Lucas, R. E. , Smith, H. L. Subjective well-being: three decades of progress［J］. Psychological Bulletin ,1999,125(2):276-302.

［9］郭小弦,芦强,王建. 互联网使用与青年群体的幸福感——基于社会网络的中介效应分析［J］. 中国青年研究,2020(6):5-12.

［10］Berkman, L. F. , Glass, T. , Brissette, I. , Seeman, T. E. From social integration to health: durkheim in the new millennium ［J］. Social Science &Medicine ,2000,51(6):843-857.

［11］House, J. S. , Umberson, D. , Landis, K. R. Structures and processes of social support［J］. Annual Review of Sociology ,1988, 14(8):293-318.

［12］李树,陈刚. "关系"能否带来幸福? ——来自中国农村的经验证据［J］. 中国农村经济,2012(8):66-78.

［13］张红伟,向玉冰. 网购对居民总消费的影响研究——基于总消费水平的数据分析［J］. 上海经济研究,2016(11):36-45.

［14］Brynjolfsson, E. , Hu Y. , Smith, M. D . Consumer surplus in the digital economy: Estimating the Value of Increased Product Variety at Online Booksellers［J］. Management Science,2003,49(11):1580-1596.

［15］Ahtola, B. O. T. . Measuring the hedonic and utilitarian sources of consumer attitudes ［J］. Marketing letters,1991, 2(2): 159 -170.

［16］Arnold, M . J. , Reynolds, K. E. Hedonic shopping motivations［J］.

Journal of Retailing, 2003, 79（2）: 77-95.

[17] 余皖婉,王继年,赵梦宇.大学生网络强迫购物现状与主观幸福感、焦虑抑郁的关联探究[J].心理月刊,2019(18):1-4.

[18] Shapira, N., Barak ,A., Gal, I. Promoting older adults' well-being through internet training and use[J]. Aging and Mental Health,2007, 11(5):477-84.

[19] Tauber, E. M. Why do people shop? [J]. The Journal of Marketing, 1972, 36（4）: 46-49.

[20] Joines, J. L. , Scherer, C. W. , Scheufele, D. A. Exploring motivations for consumer web use and their implications for e-commerce[J]. Journal of Consumer Marketing,2003, 20(2): 90-108.

[21] 钟智锦.互联网对大学生网络社会资本和现实社会资本的影响[J].新闻大学,2015(3):30-36.

[22] Putnam, R. D. Bowling alone: America's declining social capital[J]. Journal of Democracy,1995, 6(1): 65-78.

[23] Gove, W.R. , Geerken, M. R. The effect of children and employment on the mental health of married men and women[J]. Social Forces,1977, 56(1): 66-76.

[24] 刘佳刚,柴玉亮,张琴.社交媒体中消费体验分享行为对主观幸福感的影响机制研究[J].商业经济研究,2020(13):56-59.

[25] 刘燕,纪晓岚.不同养老模式下老年人社会网络的结构与功能——基于双案例的探索性分析[J].社会发展研究,2014(1):81-99,243.

[26] Powdthavee, N . Putting a price tag on friends, relatives, and neighbours: using surveys of life satisfaction to value social relationships[J]. Journal of Socio-Economics, 2008,37(4):1459-1480.

[27] 张友琴.城市化与农村老年人的家庭支持——厦门市个案的再研究[J].社会学研究,2002(5):112-118.

[28] 李婷.哪一代人更幸福?——年龄、时期和队列分析视角下中国居民主观幸福感的变迁[J].人口与经济,2018(1):90-102.

[29] 张明,余丽梅,张学敏.高等教育影响居民社会交往的实证研究——基于倾向值得分匹配方法的检验[J].东北师大学报(哲学社会科学版),2020(2):163-174.

[30] 胡军辉,张锦华.市场工作与城乡劳动力时间要素配置[J].安徽师范大学学报(人文社会科学版),2014(4):509-516.

[31] 马光荣,杨恩艳.社会网络、非正规金融与创业[J].经济研究,2011(3):83-94.

[32] Maddala, G. S. Methods of estimation for models of markets with bounded price variation[J]. International Economic Review,1983,24(2):361-378.

[33] 温忠麟,叶宝娟.中介效应分析:方法和模型发展[J].心理科学进展,2014(5):731-745.

[34] Preacher,K. J.,Rucker,D. D.,Hayes,A. F. Addressing moderated mediation hypotheses:theory, methods, and prescriptions[J]. Multivariate Behav Res,2007,42(1):185-227.

[35] Stafford,T. F.,Turan,A.,Raisinghani,M. S. International and cross-cultural influences on online shopping behavior[J]. Journal of Global Information Management,2004, 7(2):70-87.

[36] Sorce,V.,Perotti,S.,Widrick,S. Attitude and age differences in online buying[J]. International Journal of Retail and Distribution Management,2005,33(2-3):122-132.

[37] 金敏.大学生网络购物行为与其人文特征关联性研究.商业时代,2012(7):45-46.

[38] 鲁元平,王军鹏,王品超.身份的幸福效应——基于党员的经验证据[J].经济学动态,2016(9):29-40.

[39] 黄庆华,张明,姜松,涂先进.教育影响农村居民幸福感的效应及机制

[J].农业技术经济,2017(1):67-75.

[40]周雅玲,肖忠意,于文超.通货膨胀、自有住房与城镇居民主观幸福感[J].中国经济问题,2017(3):50-63.

[41]黄嘉文.教育程度、收入水平与中国城市居民幸福感 一项基于CGSS2005 的实证分析[J].社会,2013 (5):181-203.

[42]马万超.社会资本影响居民幸福感内在机制的实证研究[J].社会科学,2018(2):62-72.

[43] Martin, S. , Robinson , J. The income digital divide: trends and predictions for levels of internet use[J]. Social Problems, 2007,54(1): 1-22.

区块链技术在农产品
电商平台中的应用及存在的问题[①]

李各各　张　玉

摘　要:进入 21 世纪以来,随着物流平台、云计算、大数据分析等技术的快速发展,以及政府相关政策的大力支持,我国农产品电商的发展也达到了一个较高的水平。本文采用统计分析法、文献分析法以及案例分析法来分析区块链技术在农产品电商平台中的应用及存在的问题。首先,搜寻相关的数据并对这些数据进行整理,用图表的形式分析我国农产品电商的发展现状。其次,作者通过将我国的农产品电商发展的现状与相关作者的者文献相结合,分析出目前农产品电商所存在的一系列问题,比如说消费者个人信息泄露的风险性、信息不对称、资金支付的安全性以及整个交易过程的效率等问题。国以民为本,民以食为天,这些问题的存在可能对于农产品电商的发展是致命的威胁。再次,通过介绍区块链并利用区块链的关键核心技术,即分布式账本技术、密钥技术、智能合约技术,构建农产品电子商务平台的支付体系、流通体系以及农产品质量溯源体系,来实现节约交易成本、提高交易的速度、保障交易的安全性、提高农产品质量追溯等优点。结合案例的应用现状及应用经验进行总结和分析,提出区块链技术解决农产品电商交易问题的意见。当然目前区块链技术仍然存在着一些缺陷,比如说资源占有过多、易用性有待

---

　　① 李各各,安徽大学经济学院硕士研究生,研究方向为区块链技术。张玉,安徽农业大学讲师,研究方向为农业经济与农村发展。

加强、相关法律需要完善等问题,针对区块链技术在我国农产品电商交易中所遇到的问题提出相应的政策建议,来促进农产品电商的发展,有利于实现乡村振兴。

关键词:区块链技术;农产品;电商;电子支付

进入 21 世纪以来,随着物流平台、云计算、大数据分析等技术的快速发展,以及政府相关政策的大力支持,我国电商的发展也达到了一个较高的水平。根据国家统计局所公布的电商交易平台调查,2019 年全国电商交易额为 406324 亿元,相比于 2018 年增长了 16.5%。根据国家统计局统计,2019 年全国快递服务公司的业务量已经达到了接近 640.2 亿件,相比于 2018 年增长了 25.3%。在 2019 年时,我国的快递量就超过日本、美国、欧洲发达经济体之和,规模位居世界第六。云计算的发展,让数据得以储存在数据中心以防丢失,并且实现了可以储存更多的数据,因而解决了数据丢失、储存有限等问题。随着智能时代的到来,也就是大数据时代的到来,数据分析成为一个非常重要的手段,通过分析客户的消费记录、浏览记录甚至采用非法窃听手段等等,了解客户需求,及时向客户推荐产品或者优化产品,从而发展长久的客户关系,来获得更大的效益。目前,国内的数据分析工具有国内的有 BDP、国云数据(大数据魔镜)、思迈特等。在"互联网+扶贫"背景下,电商扶贫成为主要推动模式,加上政府促进乡村振兴相关政策,比如说进一步加强农村物流网络节点体系建设、深化农业与电商之间的协作、大力发展农产品电子商务、明星带动农产品网络直播销售等,这些都促进了农产品电商进一步发展。

农产品电商的发展经历了十余年,发展模式也发生了改变。传统的农产品电商巨头有阿里巴巴旗下的淘宝、京东等;在 2019 年,短视频行业快速发展,比如抖音、快手等平台也催生出新型的农产品电商交易。除此之外,以小红书、拼多多等为代表的农产品电商平台以社交关系、社交话题为驱动,比如说在小红书可以看到微信好友的好物分享、在拼多多可以看到微信好友的购物分享记录等,这些都推动农产品电商以更快速的发展。当然目前农产品电商发展遇到一些瓶颈,比如说消费者信息泄露、电子支付安全问题、整个运行效率有待提高等问题,区块链的技术应用使这些问题得以改善。

　　自从 2008 年中本聪发表了有关区块链技术的书《Bitcoin: A peer-to-peer electronic cash system》,越来越多的人开始关注到区块链技术。从理论意义上来讲,我国从古至今是一个农业大国,农产品电商业对我国经济的发展起着非常重要的作用,无论是对于政府还是对于企业来说,越来越依赖于电商业的发展。本文通过对区块链技术在农产品电商上的创新性应用进行分析,可以为解决农产品电商发展所遇到的问题提供新的思考方向。另外,虽然本文以国内的农产品电商发展为研究重点,但是,本文的研究可以应用到区块链技术对一些国外农产品电商以及跨国农产品电商研究分析当中,给这些研究分析提供思路。从现实意义上来讲,本文基于区块链的视角,首先阐述了我国农产品电商的发展,进而对区块链在农产品电子商务平台构建中的应用进行了深入探究,针对农产品电子商务平台构建中存在的风险提出了相应的发展策略,旨在于从技术层面消除区块链的漏洞,为农产品电商平台的发展提供方向。

一、研究思路与研究方法

(一)研究思路

　　本文通过归纳与总结之前的一些学者的观点,并收集一些相关的数据加以分析,来分析我国目前农产品电商业的发展状况及遇到的一些问题,通过对区块链技术的详细介绍,并将区块链技术应用到解决我国农产品电商业发展所遇到的一些问题中,最后提出有关区块链发展的一些建议。

(二)研究方法

1.文献研究法

　　根据本文研究内容,查阅区块链技术对农产品电商影响有关的期刊文献,阅读研究并进行归纳总结,分析区块链技术对农产品电商的影响,从而提出我国应对的方法。

2.统计分析法

　　通过搜寻有关我国的电商交易以及农产品电商交易的数据,必要的情况下绘制成图标,更加清晰地说明我国电商市场的变化,并增强结果的真实性及可信度。

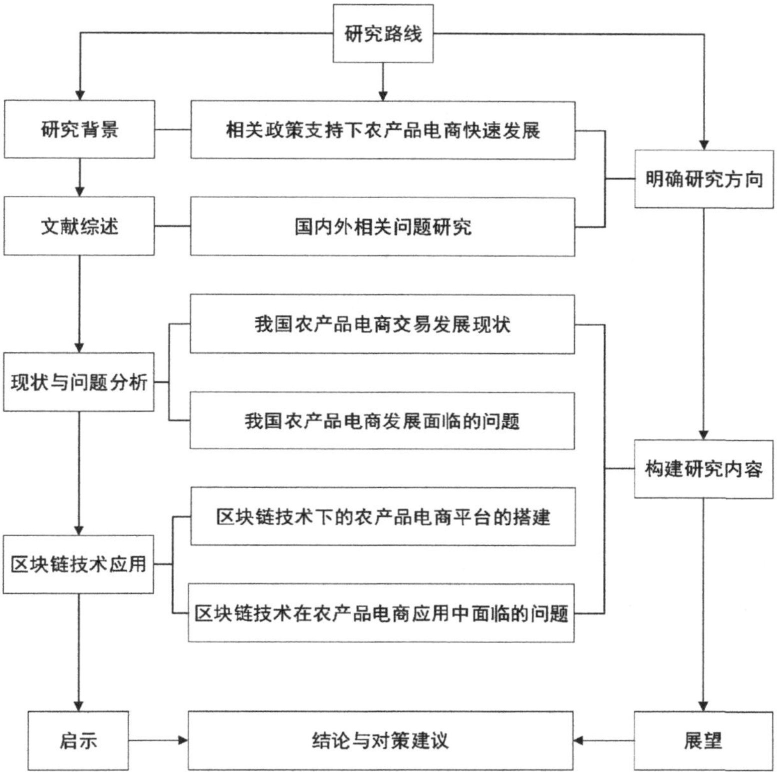

图1 研究思路

3. 案例分析法

在分析区块链技术应用于农产品电商平台创建时,采用案例分析法,通过对我国具有代表性的案例进行调查分析,揭示了整个行业在以区块链技术解决农产品电商交易问题的现状。通过对个例的应用现状及应用经验进行总结和分析,提出区块链技术解决农产品电商交易问题的意见,可以为整个行业应用区块链技术提供经验。

二、我国农产品电商交易的发展现状及问题

21世纪我们进入了信息时代,电子信息技术快速发展,由此催生出新的农业发展方式——农产品电商。农产品电商是指卖家在网络平台上利用各种电子商务手段向消费者推销他的农产品的市场行为。农产品电商有其独特的运

行优势,不仅可以减少人力、物力,减少交易成本,还可以突破在时间上与空间上的限制,让消费者与生产者之间的成交更加方便快捷。尽管如此,农产品电商作为一个新兴事物,仍然存在许多问题需要完善解决。

（一）我国农产品电商交易的发展现状

1.我国农产品电商市场的交易规模

近四年来,我国电商市场的交易规模呈不断上涨的趋势,根据国家统计局电子商务交易平台调查,2017年全国电子商务交易额达29.16万亿元,相比较于2016年增长了近11.7%;2019年全国网上交易额为406324亿元,相比于2018年增长了16.5%。无论是个人电商交易成交额还是单位电商交易成交额都是呈现出快速上涨的趋势,个人电商成交额快速上涨说明互联网购物得到普及,不同年龄段的消费主体都有与之相适应的购物软件,无论是传统购物软件还是目前流行的一些短视频软件,都有所适用的消费群体;单位电商成交额的上涨说明企业越来越倾向于网络交易,利用互联网营业的水平也不断提高。图2是我国2016年至2019年的电商交易规模:

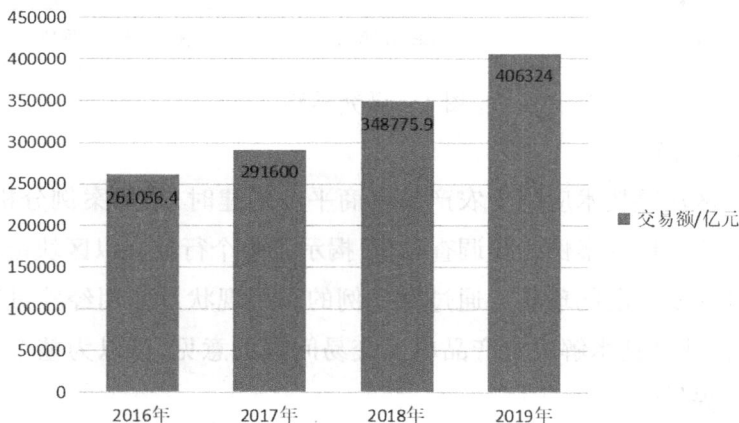

图2 我国2016年至2019年电商交易规模

数据来源:中国电子商务研究中心

在搜寻数据时发现,在2017年以及2017年之前,我国的电商交易种类是以商品类的交易为主,在 2017 年,商品类电商交易额就达到了 16.87 万亿元,占比 77.3%,这个时候电商发展就相对成熟;服务类电商交易额 4.96 万亿元,占 22.7%。主要是以传统的电商平台交易为主,比如说淘宝、京东等,这一类型的交易主要是商品。随着互联网的快速发展,一些服务类的电商交易快速发展,比如说滴滴打车、美团、优酷等大型服务类电子商务平台快速兴起,并且稳步增长,不断增加在电子交易额中所占的比例。电子商务平台与服务类型产品相融合,打破以往电商发展的瓶颈,提高了整个社会的资源配置效率。

在惠农政策的支持下,经调查,我国农产品网络零售额在 2013 年达到 500 亿元,2015 年农产品市场交易总额高达 48000 亿元,2017 年我国农产品网络零售额约为 2500 亿元左右,2019 年国农产品网络零售额超过 5000 亿元,年均增长率达到了 47%,在 2018 年,"天猫双 11"当天阿里巴巴全平台农产品交易额就超过了 45 亿元,其中千万单品超过了 21 个。由此可见,农产品电商交易的规模扩大速度惊人。目前,农产品电商交易的经营主体,小到家庭农户,大到家庭农场、种养大户、农村合作社等,并且随着城镇化进程的加快,许多家庭散户种植的土地被政府征收,然后交给企业承包,进行大面积的种植,一方面生产成本随着生产规模的增加而降低,大规模的种植作业有利于机器化的普及,因此有力地促进了我国农业的发展。随着信息化的进程加快,电商交易平台的发展也逐渐成熟,加上政府政策的引导,越来越多的具有影响力的名人也加入直播带货中,这些无疑促进了农产品电商交易更快速的发展,加快实现我国乡村振兴的进程。

2. 我国农产品电商支付现状

农产品电商支付是买卖双方在电子商务交易平台完成交易,然后采用电子支付的方式进行结算的一种商品交易活动。目前,我国电子支付方式主要有银行电汇、信用证支付以及第三方平台支付。银行电汇就是买方事先将钱存入银行,然后银行将钱汇入卖方所指定的账户中,并收取相应的手续费。信用证是由银行开立的,具有一定的信用度,相当于临时借钱给买方,并收取一定的利息费,由银行作为担保机构,为买方提供担保。第三方平台支付就是用微信、支付宝等进行支付,这种支付平台一般是独立的机构,有着雄厚的经济实力以及强大的信用作为担保。一般流程是第三方平台收取买方的钱款,通知卖方发货,买方在收到货并且确认无误后确认收货,第三方平台再将买方付的款转入卖方的账户,完成交易。这种支付方式同样也有信用与非信用支付,信用支付就是用微信余额或者支付宝里的余额进行支付,电商平台的信用支付以"京东白条"、阿里巴巴的"花呗"为典型,这些信用产品是建立在公司雄厚的资金基础、自身在竞争市场中的产品优势及积累的顾客信誉的基础之上,这些信用产品的特点就是具有一定的免息期,满足了消费者提前消费的欲望,并且使用及还款灵活方便。但是第三方支付保护了买方的资金安全,因为在买方不满意产品时,卖方无法拿到相应的钱。这些支付的共同特点就是有第三方机构介入,因此必然会存在消费者信息泄露、效率低等问题。

3. 我国农产品电商物流发展现状

农产品电子商务的一个最重要的优势就是降低了交易成本,通过集中化的配送,降低了大量的交易费用,因此保持竞争优势的关键在于以可靠及高运行效率的物流作为保证。目前,许多企业在激烈的市场竞争中不断改进物流模式,并将这作为制胜的一个重要法宝。在 2010 年,我国物流总额为 125.4 万亿元,2019 年,我国物流总额达到了 300 万亿元,增幅达到了 139%,在总体上,目前社会对物流需求越来越大。随着互联网技术的不断进步、为了进一步节约物流成本以及充分发挥物流管理在供应链的形成与供应链的管理加强中的作用,物流不断推进信息化发展。目前,我国的物流模式有四种,即自建物流、第三方物流、物流一体化、第四方物流。自建物流一般是综合性公司所考虑设立的,因为这种公司的产品销售量大、规模广,比如阿里巴巴、京东等,通过在全国建立仓库,大大减少了运输费用。第三方物流就是物流公司以第三方的身份为生产公司提供服务,通过签订合同,完成产品的配送,比如说配件、电器、饮料等,如果是国外的产品配送,还有保税仓库。所谓物流一体化,通过将物流与农产品电子商务分离,这样商家就会更注重于农产品电子商务业务,从而提高农产品电子商务业务的效率,物流则交给专业的物流公司来实现仓配一体化服务。第四方物流比第三方物流更加注重整合社会资源、提供物流整体解决方案。

4. 我国农产品电商质量溯源现状

随着经济的发展,人们的生活质量不断提高,人们的防伪意识也不断提高,农产品的防伪与溯源是经济发展的趋势所在。农产品质量溯源能够让买方详细地了解农产品的整个生产流通过程,包括农产品的生产、经销、检验检疫、销售等过程,因此农产品质量溯源并非简单。在日本,对于农产品防伪方面,比如说给奶牛耳朵嵌入芯片,这样的话,这只奶牛整个生产过程,甚至包括它的生物学父母都能够被消费者清楚地了解到,从而大大地提高了农产品的质量。当前我国主要采用的是诸如条形码、电子标签等技术,这些技术的目的就是给农产品给予特定的身份,便于查询。起初这些身份是统一发放,但是这种模式很难保证数据的安全及企业的隐私,后来溯源平台发展为三个分别是企业自建的平台、第三方技术提供的平台以及政府组建的平台,但是这种模式下身份证号码的编写变得不统一了,增加了政府监管的难度以及消费者查询的难度。为了解决这个问题,建立了一个第三方公益性质的组织,作为一个集中统一并且跨行业的查询通道,但是这种平台应用的企业目前有限,使得行业与行业之间的沟通并不畅通。

(二)我国农产品电商发展面临的问题

1. 农产品电商发展面临的支付问题

农产品电子支付的安全性以及效率问题是电商发展的重点内容。目前,我国电子支付方式主要有银行电汇、信用证支付以及第三方平台支付。第三方支付方式,也就是目前用微信及支付宝支付所占的比重比较大,当然也存在着一些不常用的第三方支付平台,比如说快钱。财付通、贝宝等结算平台,这种支付方式的效果及可信度均有待考察。并且第三方平台的运行也要收取维护费用,增加了交易成本。这种交易方式,并不是在交易双方完成的,由第三方平台介入来完成的,也就是说有多个交易主体参与,这就增加了信息泄露的风险。如果没有做好防范措施,客户的信息被盗取,就有可能造成一些损失。一些不法分子通过拦截、观察、检测及偷窃行为,将获取的信息进行分析、来获取宝贵的信息情报,甚至破坏信息的完整性与有效性。

2. 农产品电商发展面临的物流问题

随着经济的不断发展,我国农产品电商的发展对物流的要求越来越高,目前,我国的物流模式有自建物流、第三方物流、物流一体化、第四方物流,这四种模式都存在着信息不对称的问题,导致买方丢失货物并且难以找回。据统计,目前物流时间在两天至四天,一些偏远地区的物流时间在五天以上,长时间的物流可能导致农产品的腐败与变质,从而损失更多成本,因此存在的物流时间长、成本高等问题制约着我国农产品电商的发展。2020 年是我国脱贫攻坚的决胜之年,加上政府的电商扶贫政策,物流规模将会进一步扩大,到一些偏远地区的快递将会进一步增多,这种偏远地区物流时间长,成本也会更高,将有可能导致产品变质、消费者过了七天无理由退换的时间等问题。因此,提升物流信息的准确性也就是增强物流的安全性、降低物流成本、减少物流时间是目前要解决的问题。

3. 农产品电商发展面临的质量溯源问题

当前的农产品质量溯源体系并不完善,并不能保证厂家不生产假冒伪劣产品以及中间商家不生产假冒伪劣产品,因此消费者权益无法得到保证。一旦出现肉类、奶制品等重要民生产品假冒伪劣产品,将会影响消费者的生活。当前的农产品质量溯源体系需要改进:采用二维码、条形码、电子标签等技术进行溯源,并不能保证溯源得到的信息是真实的。这种技术并不能将农产品生产、销售的各个环节打通,并且第三方公益性质的组织,作为一个集中统一并且跨行业的查询通道,因为这种平台应用的企业目前有限,使得行业与行业之间的沟通并不畅通,这样就会存在一些真空地带,给那些利用假冒伪劣产品牟利的人可乘之机,并且不易察觉。另外,监管部门应该加强合作,完善农产品质量溯源的相关的法律法规,给那些损害消费者利益的行为严厉的打击。

表1 我国农产品电子商务发展的现状及问题

	现状	存在问题
支付	电子支付方式主要有银行电汇、信用证支付以及第三方平台支付	支付方式的效果及可信度均有待考察;收取维护费用,增加了交易成本;多主体参与,信息泄露的风险
物流	自建物流、第三方物流、物流一体化、第四方物流等四种物流模式	存在着信息不对称的问题,导致买方丢失货物并且难以找回;物流时间长、成本高
农产品质量溯源	主要采用的是诸如条形码、电子标签等技术;企业自建的平台、第三方技术提供的平台以及政府组建的平台溯源	并不能保证溯源得到的信息是真实的;监管部门合作有待加强

三、基于区块链技术的农产品电商平台应用

(一)区块链技术

1.区块链技术的内涵

区块链技术(简称 BT)是利用区块链数据结构对数据进行验证和存储,通过分布式节点共识算法生成和更新数据,由密码学,程序和操作数据由智能合同组成的自动脚本代码保证的一种新型分布式基础设施和计算范式数据传输和访问安全。这种新型的计算机技术能够有效地防止数据被人为地篡改或者删除的威胁,区块链技术连接的分布式账本日志可以使双方有效地记录事务并永久查询事务。区块链技术从本质上讲,是人类文明进步的一个标志,可能会改变人类的生产工具或者生产方式,对人类的生活与文明产生了极大的影响。区块链技术应用的最成功的就是比特币,它是一种加密货币,是数字货币的一种。所谓加密,采用密码学相关方法连接而成的数据库,在于保证客户的匿名性以及价值的有效性。所谓去中心化,就是单个主体之间不需要有组织相连构建信用体系,去中心化所对应的就是中心化,中心化就是主体单个主体之间通过组织建立起信用体系,这种情况下消费者必须通过银行完成信息查询、交易追溯等。

2.区块链核心技术

分布式账本技术。这项技术主要是为了实现数据共享。所有在区块链网络里面跑的节点,都可以进行记账,这就避免了中心化交易的弊端。针对区块链公有链来说,公有链信息任何人都可以进去读或者写。在 2015 年,Herber 将这项技术用于解决版权保护的问题;2016 年,Byod 将这项技术解决服务器系统公平使用的问题。这项技术在电子商务交易中应用,可以用来记录从原材料购入、加工、销售、再加工并最终到消费者手中的全过程,使得交易中的数据实现共享,让整个交易过程变得更加透明。

密钥技术。这项技术保证交易中的数据不被人为地篡改或者删除,要想改变区块链中的信息,必须攻击 51% 以上的节点才能进行修改,区块链技术的匿名性可以保障交易发起人信息的安全,不知道是谁发起了这笔交易。难度非常大。解决了电子商务交易中的信息不对称的问题。该技术利用存储的交易信息进而追溯开放源代码,并建立分布式数据库,数据库是建立在交易双方利用特定的区块进行交易,从而保证了交易中的信息的不可逆性。

智能合约技术。这项技术主要是用于降低金融风险的作用。这种合约可以储存交易双方的债权债务关系,比如说买方在电子商务平台下单,实际上智能合约签订,该合约要保证买卖双方履行相应的义务,比如说买方支付相应的钱款,卖方按时、按量发货,如果没有履约就会面临着相应的赔偿或解约问题。这项技术便于减少资金流通的时间,降低金融风险,并减少人工操作失误风险。

(二)区块链技术下的农产品电子商务平台的构建

1.支付体系的构建——以 Ripple 为例

区块链技术应用的最成功的就是比特币的支付,然后通过对区块链技术的完善,应用到电子商务领域中。我国电子支付方式主要有银行电汇、信用证支付以及第三方平台支付,其中主要以第三方平台支付为主。这种交易方式,并不是在交易双方完成的,是由第三方平台介入来完成的,也就是说有多个交易主体参与,这就增加了信息泄露的风险。在区块链技术下可以实现支付方式的自动化,并且买方、卖方以及多方可以参与对资金的控制,随时查看商品信息与资金的信息,从而保证资金运行安全。第三方平台的运行作为一种垄断支付方式,也要收取维护费用,增加了商家的成本,从而增加了交易成本。预测未来到2022年,区块链技术至少能够帮助金融业节约200亿美元的成本。区块链技术下的支付方式也可以理解为一个公共账本,它是独立于互联网上,不受任何个人或者机构控制,客观地记录着所发生的信息。

Ripple是世界上出现的第一个开放性支付网络,这个支付网络的优点就是可以转账任意一个国家的货币。有利于解决农产品跨境交易面临的汇率变动、较高的交易成本等问题,使得农产品电子支付更加安全、快捷、低成本。现在存在的农产品电子支付网络是分散且孤立的,Ripple能够利用区块链技术将这些孤立的点结合起来,利用分布式账本技术做到及时结算、确保交易的安全性与确定性,增加交易的效率,金融机构只需要几秒钟就能实现跨境的农产品电商支付。因为区块链技术能够避免那些烦琐的流程,使得商家与买家之间创造出更直接的付款流程。据统计,仅通过Ripple平台进行支付为付款人节省将近33%的交易成本。目前Ripple支付网络已经涉及60个国家,未来将会涉及更多的国家,将会有更多的投资者给予Ripple支持,有利于不同国家农产品电商的发展。区块链技术下,可以使买卖双方直接交易,从而降低了隐形成本,并且也降低了被第三方平台欺诈的风险,消除了中间商的作用,使得各个行业之间能够公平地竞争,营造良好的竞争环境。

2. 流通体系的构建——以"步步鸡"项目为例

农产品电子商务平台是依托于互联网完成的,整个农产品电商平台体系是以物流为中心。传统的农产品电子商务平台主要将物流交给第三方机构承担,但是经常面临着货物丢失、无法找回以及货物质量存在问题等的威胁,这严重阻碍了农产品电商业的进一步发展。在区块链的技术下,所有的信息都会被记录在对应的区块中,并且不容篡改,这种技术应用到农产品电商体系中,使得所有物流信息被完整储藏起来,并且物流信息能够及时更新,从而能增加了物流的安全性。对于相应的物流信息也能能够及时地追踪,并且及时地传送给消费者手中,从而节省了人工追踪物流信息的成本,降低了物流的费用。

步步鸡项目是隶属于众安科技,在 2017 年,众安科技推出步步鸡项目,为了在新兴农业金融领域打造出"区块链+农业+物联网"的新模式。步步鸡项目更加侧重于国家贫困市县,将会在未来覆盖上千个贫困区域,先进的生态养殖模式将会帮助几十万贫困人口脱贫。步步鸡项目的销售收入一部分也会被捐赠给一些公益组织,进一步支持农村地区的发展。并且这些资金的流动也会使用区块链记录,进行实时追踪。步步鸡的物流合作伙伴是顺丰物流。提到顺丰物流,大家对它的印象基本上是物流价格偏高,但是物流速度快并且产品的安全性也能得到保障。经 2018 年的物流行业调查,87%的消费者更加偏好于顺丰物流,并且 64%的受访者表示,如果卖家使用顺丰物流发货的话,大家对于卖家好感度也会大大提升。所谓"区块链+农业+物联网"的新模式就是将智能设备应用于运输的途中,便于物联网与区块链进行融合,收到鸡将鸡送至屠宰场,然后发货将鸡送至消费者手中,这其中的每一个环节都用二维码进行记录,再发货之前,农户扫描二维码进行记录上传到区块链中,这个时候经销商与农户开始进入结算的程序中。屠宰场收到鸡,扫描二维码记录,屠宰完鸡再次扫描二维码进行记录,这个时候屠宰的时间就能够被精确的记录下来,鸡肉的新鲜度也能够得到保障。凭借顺丰物流的强大的物流系统,鸡肉能够在更短的时间内送至到消费者的手中,使得鸡肉的品质更能得到保障。

3. 农产品质量溯源体系的构建——以大棚葡萄为例

当前的农产品质量溯源体系并不完善,许多农产品质量溯源都是孤立存在,没有统一的溯源标准,难以防止假冒伪劣的农产品发生。区块链是利用密钥技术增加数据的可信性,利用分布式账本技术,将原材料购入、加工、销售、再加工并最终到消费者手中的全过程记录下来,也就是从源头开始,每一个小细节都有区块链技术,所有的信息被详细记录,且不允许进行篡改,使数据能够充分公开,并且能够实现多极溯源,以及防止同样物品进行二次出售。主要用于解决食品公司以及零售行业,来保证食品的安全,也防止了盗版的商品的流通。比如说,消费者可以通过扫描商品的二维码,便可得到该产品的信息,包括其中的中间商的流通等,从而保证消费者的利益。

表 2   区块链技术在农产品电商领域的应用

	存在问题	对策
支付	支付方式的效果及可信度均有待考察;收取维护费用,增加了交易成本;多主体参与,信息泄露的风险	支付方式的自动化,并且买方、卖方以及多方可以参与对资金的控制,随时查看商品信息与资金的信息;消除了中间商的作用,节省维护费用
物流	存在着信息不对称的问题,导致买方丢失货物并且难以找回;物流时间长、成本高	非中心化技术,使得电子商务平台的每一笔交易都能生成对应的指令,并明确指令在区块链中的具体位置,确保交易信息的不可进行二次修改,及时追踪物流信息,节省物流费用
农产品质量溯源	并不能保证溯源得到的信息是真实的;监管部门合作有待加强	从源头开始,每一个小细节都有区块链技术,所有的信息被详细记录,且不允许进行篡改,使数据能够充分公开,并且能够实现多极溯源,以及防止同样物品进行二次出售

将区块链技术应用于农产品质量溯源上,以康某平大棚种植销售的葡萄为例,可以分为八个步骤对葡萄进行质量溯源:第一步就是当种植企业在大棚内种植葡萄时,利用物联网设备进行采集信息,从插秧开始,对大棚内的湿度、土地的湿度、光照的强度等数据,以及时间、地点、农药的浓度、操作工的信息等,并且要实时更新来保证信息的可溯性;第二步就是采用全程化的监控以及智能化的物联网信息采集处理系统,对葡萄的生长环境进行实时记录更新,并且上传到区块链系统中,待葡萄成熟后生成二维码附于产品的包装上;第三步就是对于葡萄的质检过程以及质检信息都要上传至区块链系统中;第四步就是在运输过程中,对于葡萄的运输方式、运输状态、储存条件都要实时监控记录,并上传至区块链系统中;第五步,在葡萄由物流部门运输到销售部门时,销售部门要对葡萄的信息进行仔细核对检验,并将检验结果上传至区块链系统中;第六步就是消费者在电商平台购买葡萄时,交易记录也会被上传到区块链系统中;第七步区块链的相关节点对记录的区块链系统的信息进行认证;第八步,消费者

可以通过在电商平台中,点击查询功能,便可以了解到葡萄的生产、物流、交易的信息,对所购买的葡萄进行质量追溯。这种严密的质量溯源模型,很好地解决了我国的农产品在生产与销售过程中的造假、掺假、以及信息不对称的问题。

四、区块链技术在农产品电商应用中的问题

当前,人们广泛地应用区块链技术与各种领域,虽然区块链技术的应用实现了实现数据共享、保证交易中的数据不被人为地篡改或者删除、帮助降低金融风险等优点,但是区块链技术的发展仍然存在着一些问题需要解决。比如说资源占有过多、易用性有待加强、相关法律有待完善等问题。

（一）资源占有过多

在区块链技术应用下,所有的交易流通信息都会被完整地保存,且不容更改,随着时间地不断推移,信息会越积越多,整个链条上的数据将会变得非常庞大,在 2016 年的时候,账本数据为 80G,到了 2017 年便达到了 130G,在 2018 年账本数据便超过了 200G,无疑对区块链的存储来说是一种挑战。除此之外,随着区块链技术的普及,不光是农业、金融领域,更多领域都会应用到区块链技术,所有的计算量都需要网络进行传递,在短时间内来处理这些巨大的数据,无疑对区块链来说是一个需要解决的难题。数据的增多会降低区块链系统的性能,当前区块链应用的比特币的一次确认时间是 10 分钟左右,在 6 次确认之后,需要等待长达一个小时,所以区块链交易距离理想的状态还有一段距离。对于处理数据的机器设备来说也是一种挑战,随着数据的不断增加,设备也在逐渐增多,对于机器设备的耗费也是巨大的,伴随的费用还有机器散热费用等也是巨大的。区块链是比特币的底层技术,比特币是一种数字货币,来获得这种货币的唯一来源就是旷工通过计算来获得,来获得这种数字货币的专业化机器设备也就是矿机。根据区块链的分布式特征,矿机必须占据众多节点的宽带,也就是会占用过多的资源,从而影响计算能力。计算能力的受阻必然会影响区块链技术在农产品电商的应用。

（二）易用性有待加强

区块链技术应用的门槛较高,区块链技术的运行需要具备准确的程序代码和大量精密的算法来完成,因此,它对人才以及设备的要求较高,目前很多企业无法达到这个标准,并且大量数据的运行需要加以维护,维护的费用也是非常高,对于数据的储存与维护都要耗费大量的人力、物力、财力,也阻碍了区块链技术的进一步推广使用。在农产品电商交易中,基于成本考虑"平台+数据中心+农业作业者"的模式,采用的智能终端需要随时能与"物联网"平台相连接,并上传数据,因此要求生产人员掌握数字化操控,这些对于操作人员的素质要有一定的要求。除此之外,大量的智能合约需要在节点机器上注入专门的虚拟机来执行,这对于实际的节点服务器的运算能力要求非常高,因此进一步增加了相关硬件的购置以及维护的成本。区块链技术的使用也需要用户去学习,如何让用户低成本地使用区块链技术应用到电商交易中也是区块链发展需要面临的问题。因此,降低区块链技术使用以及学习的门槛,提高区块链技术的易用性,能够让更多企业将区块链技术应用到农产品电商交易中,是当今需要解决的一大难题。

（三）法律需要完善

目前区块链技术相关法律并不完善,比如说区块链系统中的数据、公式机制等,均存在被黑客攻击的威胁,如果这些黑客掌握了超过一般的算力,也就是某个节点掌握了全网的 51% 以上的计算力的情况下,就有可能对这些数据进行更改,并且不会被法律法规所制裁。比如说在 2019 年的时候,曾出现过多起算力攻击的事件,以太坊遭到算力攻击时间长达 3 天,这短短的三天就给以太坊带来了损失超过了 110 美金。除此之外,在区块链法律审判方面,没有统一的审判程序,加上相关的审判员对区块链技术的不了解,可能会对相关的案件造成参差不齐的结果,因此需要完善相关的法律法规,建立统一的审判程序,来保证区块链技术能够更有效地应用。并且,区块链技术也要提高相关的算力,来阻碍不法分子、黑客的攻击,增强区块链的稳健性。在农产品的电商交易中,相关法律存在漏洞,会给不法之人留下可乘之机,影响电商交易的安全性。

五、结论与政策建议

随着我国农产品电商交易的不断发展,一些问题也随之出现,区块链技术的出现使得这些问题得以缓解,从而推动我国农产品电商业的健康快速发展,加快实现乡村振兴的进程,增强我国的国际竞争力。

针对区块链技术在农产品电商交易中应用的问题,提出相关的政策建议:目前区块链技术并没有十分成熟,其中针对农产品电子商务平台体系构建中存在的技术问题,必须提升专业技术,比如说提高数据存储空间、提高易用性是区块链技术所必须考虑的,从技术层面来消除区块链所存在的安全漏洞。国内主导的技术公司和互联网公司可以组建区块链技术联盟,便于相互交流,促进信息共享与技术进步。政府还可以给予一定的政策支持,通过政策的引导,来实现科研成果的转化,通过减少相关财税、政府补助等形式来加大对一些科创企业的扶持,促进相关技术的提高。完善相关法律以及增强政府的监管,政府的有效监管将有效规范着区块链的发展,对于区块链技术的应用必须保持与行业监管标准相一致,加快制定有关区块链技术的技术相关标准,有利于区块链的发展更加正规与透明。

本文以我国的农产品电商产业为研究对象,以区块链技术来解决农产品电商发展所遇到的问题为研究的目标,并且综合国内外已有的研究文献,得出目前我国的农产品电商业发展所遇到的问题,有物流、支付、溯源三个方面的问题,结合区块链的分布式账本、密钥、智能合约技术来解决农产品电商发展所遇到的问题。并提出了区块链技术所面临的资源占有过多、易用性有待加强、相关法律有待完善等问题。本文的主要研究结论如下:

在农产品电商支付方面,利用区块链技术,使得农产品电商支付方式更加安全、简单、高效。在区块链技术下可以实现支付方式的自动化,并且买方、卖方以及多方可以参与对资金的控制,随时查看商品信息与资金的信息,从而保证资金运行安全。区块链技术下的支付方式也可以理解为一个公共账本,它是独立于互联网上,不受任何个人或者机构控制,客观地记录着所发生的信息,从而保障了资金的安全性。并且,区块链技术使得资金到账的速度大大加快,增加了农产品电商支付的速度。

在农产品电商物流方面,区块链技术减少手动验证,提高相关的运行效率。在区块链的技术下,所有的信息都会被记录在对应的区块中,并且不容篡改,使得所有物流信息被完整储藏起来,物流信息能够及时更新,从而能增加了物流的安全性与物流信息的准确性。

在农产品质量追溯方面,利用区块链技术,将原材料购入、加工、销售、再加工并最终到消费者手中的全过程记录下来,也就是从源头开始,每一个小细节都被详细记录,且不允许进行篡改,使数据能够充分公开,并且能够实现多极溯源,以及防止同样物品进行二次出售,从而保证了农产品质量的安全,企业信誉方面的问题也能够解决。

图书在版编目（CIP）数据

农业经济研究. 第八期 / 张德元主编. --合肥 :安徽人民出版社，2022.6

ISBN 978－7－212－11461－9

Ⅰ.①农… Ⅱ.①张… Ⅲ.①农业经济-研究-中国 ②农村经济-研究-中国
③农民问题-研究-中国 Ⅳ. F32②D422.64

中国版本图书馆 CIP 数据核字(2022)第 080987 号

农业经济研究
第八期
张德元　主编

出 版 人:杨迎会　　　　　　　责任印制:董　亮
责任编辑:卢昌杰　　　　　　　封面设计:陈　爽

出版发行:安徽人民出版社 http://www.ahpeople.com
地　　　址:合肥市政务文化新区翡翠路 1118 号出版传媒广场八楼
邮　　　编:230071
电　　　话:0551-63533258　0551-63533292(传真)
印　　　刷:合肥图腾数字快印有限公司
　　　　　(如发现印装质量问题,影响阅读,请与印刷厂商联系调换)

开本:710mm×1010mm　　1/16　　印张:14.5　　字数:220 千
版次:2022 年 6 月第 1 版　　2022 年 6 月第 1 次印刷

ISBN 978－7－212－11461－9　　　　　　定价:46.00 元